Illustrazioni: Tony Wolf
Testi: Stelio Martelli

www.giunti.it

Via Bolognese, 165 - 50139 Firenze - Italia
Via Dante, 4 - 20121 Milano - Italia
Prima edizione: aprile 2006

Ristampa	Anno
8 7 6 5 4 3	2013 2012 2011 2010 2009

Stampato presso Giunti Industrie Grafiche S.p.A. – Stabilimento di Prato

LA BIBBIA E LA VITA DI GESÙ RACCONTATE AI PIÙ PICCOLI

TONY WOLF

DAMI EDITORE

INDICE

LA BIBBIA
RACCONTATA AI PIÙ PICCOLI

LA CREAZIONE

In principio, Dio crea il Cielo e la Terra. La Terra non ha forma, è un caos di rocce, sabbia, fango e acqua; è un deserto, avvolto da un cielo senza luce. Dio dice: "Sia fatta la luce!" e la divide dalla tenebra; vi sono, così, il giorno e la notte. Divide, poi, l'acqua dalla terra: e vi sono i mari e gli oceani, le montagne e le pianure. Ordina che sulla terra crescano erba ed alberi, che diano fiori e frutti; e poi ancora sparge nel cielo le stelle, ad indicare il trascorrere degli anni e con esse gli astri e i pianeti. Crea la Luna, che illumini la notte, e il Sole, che illumini il giorno. Ordina poi che le acque e le terre siano popolate da ogni forma di animali: uccelli, pesci, rettili, mammiferi, e dice finalmente:

"Facciamo adesso, a Nostra immagine e somiglianza, l'uomo, che comandi a tutti gli animali della terra e del mare": e crea così l'uomo, e lo chiama Adamo. Per mostrargli la Sua benevolenza, lo mette in un angolo di delizie, dove scorrono quattro fiumi dall'acqua limpida, pieno di prati morbidi e di alberi che danno frutti, profumi ed ombre dolci e fiori d'ogni colore. Tra gli alberi di questo Paradiso, ve n'è uno i cui frutti sono proibiti ad Adamo: l'albero della scienza del bene e del male. Dio ha infatti ammonito: "Mangia pure tutto ciò che vuoi, ma non toccare i frutti dell'albero della scienza del bene e del male, altrimenti morrai!" In questo mondo d'armonia, dove non v'è inimicizia tra gli animali, dove il cane è amico del gatto, e il leone della gazzella, Adamo è però solo. Dio allora, per consolare la sua

solitudine, gli dà un compagno, e crea una donna. Poi li benedice tutti e due:
"Crescete e moltiplicatevi, e conquistate la Terra, nella quale ho posto tutto ciò che vi servirà per vivere."
Adamo e la sua compagna vagano, senza nulla indosso, in quel Paradiso, né provano vergogna o imbarazzo alcuno; essi infatti non sanno che cosa sia il male e che cosa sia il bene; e vivono così, felici, senza bisogno di nulla, senza dolore, senza turbamento alcuno.

IL SERPENTE

Di tutti gli animali che Dio ha creato, il più astuto e il più maligno è il serpente; ora, un giorno, di pomeriggio, mentre il sole brilla alto nel cielo, esso dice alla donna:
"Perché non mangiate tutti i frutti di tutte le piante del Paradiso?"
"Noi li mangiamo – risponde la donna – tranne quelli degli alberi che Dio ci ha ordinato di non toccare, pena la morte."
"Oh, non morrete affatto, anzi, diverrete come Dio!" sibila sommessamente il serpente. La donna è molto impressionata da queste parole, e va davanti all'albero della scienza del bene e del male, e guarda i suoi frutti, che sono belli e dal gradevole profumo. Esita un poco, poi ne coglie uno e lo mangia. E poiché nel frattempo è arrivato Adamo, ne porge uno anche a lui.
È un attimo. Non appena inghiottito il primo boccone, i due si guardano, vedono d'essere nudi, e se ne vergognano; e subito intrecciano con delle foglie di fico due cinture, per coprirsi. Sono così, incerti e turbati, quando odono la voce di Dio che li chiama. Invece di rispondere tranquillamente, come sempre, si spaventano, e corrono a nascondersi; e poiché Dio continua a chiamare, Adamo dice:
"Siamo qui, o Signore; stiamo in questo cespuglio, perché siamo nudi, e abbiamo vergogna a farci vedere così."
Dio comprende, allora, che l'uomo e la donna gli hanno disobbedito; e sdegnato esclama:
"La maledizione sia su di voi! Uomo, d'ora in avanti, trarrai con fatica e sudore il nutri-

mento dalla Terra, che era tua; e tu, donna, con dolore metterai al mondo i tuoi figli. Ricorda, uomo: sei fatto con terra e in terra tornerai!" Per creare l'uomo, Dio infatti aveva usato terra e fango, ai quali, poi, aveva con un soffio infuso la vita. Così detto, Dio scaccia Adamo e la sua compagna dal Paradiso terrestre, mettendo di guardia ad esso uno dei suoi angeli con una spada fiammeggiante.

CAINO E ABELE

Adamo dà alla sua compagna il nome di Eva, che vuol dire "vita" e comincia dunque a vivere in un mondo che non è più, come una volta, dominato dall'armonia e dall'amore, ma diviso tra il male e il bene. A questo ha dunque portato l'avere disobbedito al Signore.
Per mangiare, Adamo ed Eva devono duramente lavorare la terra; per proteggersi dal freddo della notte e dell'inverno, devono farsi abiti con pelli d'animale. Cominciano ad uccidere le bestie, per nutrirsi e per difendersi. Ma viene il giorno terribile in cui è sparso anche sangue umano.
Molti sono i figli di Adamo e di Eva; i primi sono due maschi, uno dei quali è chiamato

Caino, e l'altro Abele. Quest'ultimo, d'animo gentile, è pastore; l'altro, invece, di cupo carattere, coltiva la terra.

Un giorno, Abele sacrifica a Dio il più grasso agnello del suo gregge; anche Caino fa la sua offerta, ma Dio, mostrando d'apprezzare la bontà d'animo di Abele, volge verso di questi il suo sguardo e il suo sorriso. Caino, che si vede trascurato, si mostra geloso; Dio allora gli dice: "Perché t'adiri così? Se farai del bene, bene avrai. Se farai del male, cadrai nel peccato!"

Caino non risponde e si tiene nel cuore la sua rabbia e la sua gelosia che, presto, si tramutano in odio. Un giorno, egli dice al fratello: "Andiamo fuori, Abele, in campagna!" Abele lo segue senza alcun sospetto; ma quando sono lontano da tutti, ecco Caino sciaguratamente assalire e uccidere il fratello; e poi fuggire, convinto di non essere stato visto da nessuno. Ma, subito, lo raggiunge la voce di Dio: "Caino – essa chiede – dov'è tuo fratello?"

"Che ne so – risponde sfrontato l'assassino – non sono mica il suo guardiano, io!"

"Che hai fatto? – esclama terribile il Signore – Il sangue di Abele grida dalla terra! Maledetto, tu sarai fuggiasco e vagabondo per sempre!"

L'ARCA DI NOÈ

Gli uomini, discendenti tutti di Adamo ed Eva, prendono a moltiplicarsi, e si spargono ovunque, e popolano tutta la Terra. Ma come se il sangue versato da Caino sia ricaduto sulle loro teste, essi con il passare degli anni vengono via via allontanandosi dal rispetto e dall'amore per Dio; e così la Terra diviene regno della superbia, della violenza e del peccato. Dio si pente allora d'aver creato gli uomini, e pensa di castigarli terribilmente. Di tutti, uno solo trova grazia davanti a Lui. E Noè: un uomo saggio, buono e giusto che, con tutta la sua famiglia, ha sempre vissuto secondo il volere di Dio. E Dio gli appare, dicendogli: "Manderò sulla Terra le acque del diluvio, che cancelleranno ogni specie di vita: è venuta per gli uomini l'ultima ora; ma tu, Noè, costruisci un'arca, e falla solida e forte. Fa' salire in essa tua moglie e i tuoi figli Seni, Cani e Jafet con le loro mogli; e poi, tutti gli animali che ho creato, due

esemplari di ogni specie, un maschio e una femmina, in modo che si salvino con te; e prendi del cibo, che serva a te e agli animali." Noè si mette subito all'opera, e insieme con i suoi figli, costruisce un'arca secondo le indicazioni che il Signore stesso gli dà; e all'arca, poi, fa sospingere dai figli ogni specie d'animale: quelli che camminano, quelli che strisciano, quelli che volano; i feroci e i mansueti, i domestici e i selvatici, i più piccoli e i più grossi. E tutti salgono, obbedienti, né si combattono, come fino ad ora hanno fatto, tra di loro. E intanto che ciò avviene, il cielo si va rannuvolando sempre di più, e sempre più intenso si fa udire il brontolare del tuono.

L'ultima coppia di animali è appena salita sull'arca, e Noè ha appena serrato la salda porta di essa, quando comincia a piovere a dirotto.

LA FINE DEL DILUVIO

A quella pioggia, gli uomini pensano dapprima a un temporale: ma quando vedono i giorni passare e la pioggia, anziché cessare, aumentare d'intensità, si spaventano, e si chiedono: "Che sarà?" Piove. Straripano fiumi e laghi, gli uomini cercano rifugio sui tetti delle case; e poiché il livello delle acque continua a salire, eccoli atterriti riparare sulle colline, portandosi appresso le loro robe e le loro greggi.

Quando le colline sono anch'esse sommerse, disperati si inerpicano sulle montagne. E l'arca galleggia, e sale sempre più in alto, battuta dalla pioggia incessante: tutti coloro che vi sono dentro, uomini e bestie, comprendono che l'ira di Dio sta tremendamente colpendo il mondo. Piove per quaranta giorni: l'acqua tutto sommerge, anche le più alte cime dei monti. Dalla faccia della Terra, scompare ogni forma di vita. Tutto non è che un immenso mare, sotto il quale sono sepolti uomini ed animali. Nemmeno gli uccelli si sono salvati, perché non hanno trovato più un luogo ove posarsi e riprender forza di volare. Dio si ricorda, allora, di Noè, e decide di far cessare la pioggia: ordina ai venti di soffiare, ed essi soffiando aprono grandi varchi nelle nubi, e l'azzurro del cielo riappare qua e là; e la pioggia comincia a diminuire, per poi cessare del tutto. Ma devono passare centocinquanta giorni, perché le acque comincino a ritirarsi, scoprendo le vette più alte delle deserte montagne. L'arca di Noè va a posarsi proprio sopra un monte della terra chiamata Armenia. Noè attende quaranta giorni, prima d'aprire la finestra dell'arca; e poi invia un

corvo, in esplorazione: ma esso non trova terre emerse e torna subito. Noè manda fuori, allora, una colomba, che torna stanca, perché non ha trovato un luogo ove posarsi; pieno d'angoscia, Noè la prende su una mano, e la riporta nell'arca. Dunque la terra non riapparirà mai più?... Noè attende ancora una settimana, e nuovamente manda la colomba a vedere ciò che sta accadendo. Stavolta, essa torna, ed ha nel becco un ramoscello d'olivo: anche gli alberi, dunque, sono finalmente riemersi! E il messaggio della colomba, e il grande arcobaleno che brilla fulgente nel cielo, certo sono il segno che l'ira di Dio si è finalmente placata. Giunge infatti una voce: "Scendi dall'arca, Noè, con i tuoi figli, tua moglie, le tue nuore e gli animali: ciascuno vada dove vuole, e la vita riprenda su tutta la Terra!"

LA TORRE DI BABELE

E così, finalmente, Noè scende dall'arca; e la vita riprende. Gli uccelli volano via, i rettili s'allontanano strisciando, le bestie selvagge tornano ai loro deserti e alle loro foreste. Da Sem, Cam e Jafet, figli di Noè, sorgono le nuove genti che popolano la Terra; ciascuno dei tre fratelli genera la sua stirpe e, guidandola, prende una strada differente: in tale modo vengono ad essere abitate le varie parti del mondo. Le genti cominciano a diventare diverse fra loro: ma tutte si comprendono, perché unica è la loro lingua. Ora, riunendosi tutti i discendenti di Noè in una pianura dell'Oriente, nella terra chiamata Sennaar, decidono di costruire insieme una città, che abbia nel centro una torre così alta e possente da raggiungere il cielo. Ma Dio subito capisce che non il rispetto e l'amore verso di Lui, ma solo la superbia e la vanità spingono gli uomini a questa grande opera: decide allora d'impedire che la torre continui a salire verso il cielo.

Stavolta, sarà clemente: invece di punire duramente gli uomini, togliendo loro la vita o le cose, il Signore si limita a confonderli. Ad ogni stirpe, ecco dà una lingua diversa, che le altre stirpi non capiscono: così i carpentieri parlano, ma i muratori non li comprendono; così gli architetti danno ordini, ma non c'è nessuno che li possa intendere. I lavori, in quella confusione di voci e di lingue, rallentano: e ben presto vengono del tutto abbandonati.

La città, nella quale doveva sorgere la superba torre, si chiamava Babele: e questa parola, ancora oggi, sta a significare confusione. Delusi, per non essere riusciti nel loro intento; irritati perché non riescono più ad intendersi tra di loro; divenuti di colpo estranei, come estranei sono coloro che parlano lingue diverse, gli uomini delle varie stirpi si separano, ognuno andando ad abitare la sua terra; e così cominciano a parlare di "terre straniere"...

ABRAMO

Altri anni passano, altre generazioni si succedono sulla Terra; e dei discendenti di Noè uno, Abramo, è andato a vivere con altri della sua stirpe nel paese di Ur. Un giorno, Abramo sente una voce chiamarlo dal cielo; comprendendo che è la voce di Dio, cade sulle ginocchia. E il Signore gli dice:

“Lascia la terra che abiti ora, lascia la tua casa e i tuoi parenti, e vieni nella terra che Io ti mostrerò. Farò della tua gente una grande nazione, benedetta fra tutte!”

Abramo dunque prende con sé la sua famiglia, e le famiglie di alcuni amici, e con essi, dopo un lungo cammino, giunge nella terra chiamata Canaan. Lì il Signore gli appare e gli dice:

“Darò ai tuoi discendenti questa terra!”

Abramo china la fronte fino a toccare la polvere, e in quel luogo innalza un altare in onore di Dio. Ora, Abramo era molto vecchio, ed anche sua moglie Sara era vecchia; e il lungo viaggio che avevano compiuto per arrivare alla Terra Promessa li aveva ancor più stancati. Ma un giorno, Dio apparendogli gli dice:

“Abramo, ti benedirò con la nascita di un figlio, che sarà capo di nazioni, e dalla cui stirpe nasceranno dei re.”

“Ho quasi cento anni, Signore, e mia moglie ne ha novanta – mormora Abramo – come potremo avere un figlio?”

Ma il Signore ha deciso; e malgrado la loro tarda età, Abramo e Sara hanno un figlio che chiamano Isacco, e che cresce forte e

bello. Isacco è la gioia dei suoi genitori che vedono in lui non soltanto la speranza della loro gente, ma anche il rinnovarsi della loro giovinezza. Iddio tuttavia vuole provare la fede di Abramo; e una notte apparendogli, gli dice:

"Abramo, Abramo, prendi Isacco e va' con lui su una montagna; e quando sarai lassù, uccidilo, sacrificandolo a Me!"

"Obbedirò, mio Signore," risponde Abramo, soffocando il dolore terribile; e ancor prima che faccia giorno, sveglia il piccolo Isacco e due servi, e con loro s'avvia verso una montagna, portando, su due asinelli, la legna necessaria per il sacrificio.

Camminano per due giorni; al terzo, la meta è finalmente raggiunta e Abramo, con la morte nel cuore, ma deciso ad obbedire al comando di Dio, mormora ai servi: "Restate qui. Andrò con mio figlio, a compiere il sacrificio, sul monte. Prendi la legna – aggiunge rivolto ad Isacco – figlio mio; io porterò la torcia e il coltello."

Così s'avviano; e Isacco dice:

"Padre, abbiamo la legna, il fuoco e il coltello: ma dov'è l'agnello che sacrificheremo?"

Risponde Abramo: "Il Signore ci manderà la vittima per il sacrificio." Giungono sul luogo, e Abramo sistema la legna su alcune pietre, poi ordina a suo figlio di distendersi là; Isacco, stupefatto, obbedisce.

Il padre lo lega, e sta per ucciderlo, offrendo il suo sangue e la sua vita a Dio, quand'ecco dal cielo, una voce:

"Non far male a tuo figlio!

Ora lo so, Abramo, che tu Mi ami fino al punto di sacrificare per Me il tuo unico figlio! Torna a casa. E che tu sia benedetto!" Allora Abramo alzò gli occhi e vide un ariete impigliato con le corna in un cespuglio. Abramo andò a prendere l'ariete e lo offrì in olocausto al posto del figlio.

GIACOBBE ED ESAÙ

Cresciuto secondo la legge di Dio, Isacco a quarant'anni sposa una donna di nome Rebecca; e aspettando il primo suo figlio, ella sente nel seno un dolore continuo. Si rivolge al Signore, che le dice: "Nel tuo seno vi sono due figli, che si urtano tra di loro, perché ognuno di essi rappresenta una nazione; e quando saranno nati, saranno rivali. E il maggiore servirà il minore." Rebecca si stupisce molto, perché tra la gente sua è il primogenito che comanda ed il figlio minore che serve.

Nascono i due gemelli, e sono assai diversi. Il primo, Esaù, è irsuto, rosso di pelo; il secondo, Giacobbe, bianco e gentile. Crescendo negli anni, la loro diversità si fa più forte: Esaù ama la campagna e la caccia e va sempre con suo padre nei luoghi più selvaggi, ad insidiare capre e cinghiali; Giacobbe è tranquillo, e preferisce restarsene all'ombra della sua tenda. Isacco ha un debole per Esaù, Rebecca preferisce invece Giacobbe.

Ora una volta, tornando stanchissimo ed affamato dalla caccia, Esaù vede Giacobbe che se ne sta quieto davanti alla tenda, con un piatto fumante in mano: "Che cosa hai cucinato, fratello mio?" domanda.

"Un piatto di lenticchie" risponde Giacobbe. Esaù dice: "Dammelo, sono morto di fame!"

"Te lo darò, in cambio della primogenitura" mormora Giacobbe. L'ingenuo Esaù replica: "D'accordo! Dammi le lenticchie, e il primogenito sarai tu!" Così può mangiare e si sazia; forse, crede che Giacobbe abbia scherzato, ma questi ha parlato sul serio, e d'ora in poi si considera primogenito. A quei

tempi, il primogenito aveva diritti e privilegi superiori a quelli dei fratelli, e insieme con la speciale benedizione del padre, otteneva in eredità i suoi averi e il suo prestigio.

Passano gli anni; i due fratelli crescono senza armonia tra di loro; ma Isacco non se ne accorge, anche perché è, ormai, diventato cieco. Non vede più: e quando, una volta, chiede: "Dov'è il mio primo figlio?", ecco Giacobbe svelto farsi avanti, e dirgli: "Eccomi, padre mio!"

Convinto di parlare con Esaù, Isacco continua: "Portami un po' della selvaggina che cacciavamo insieme! In cambio, ti darò la mia benedizione." A queste parole, Giacobbe è un po' confuso; ma Rebecca gli sussurra: "Lascia fare a me!" e gli fa indossare un abito di Esaù, e gli fa portare al cieco Isacco, invece d'una capra selvatica, una capretta del gregge. Isacco chiede al figlio che gliela cucini; e poi, sereno, solennemente lo benedice. È sicuro d'aver benedetto il suo primogenito, Esaù.

L'inganno viene tosto scoperto, perché di lì a poco Esaù torna dalla caccia e dice: "Eccoti questa selvaggina, padre mio!" Sbalordito, Isacco chiede: "Ma chi sei, tu?" "Sono Esaù, padre." "Oh, e chi era dunque l'uomo che s'è spacciato per te, e che io ho benedetto?"

"Era Giacobbe, padre – mormora Esaù, che ha capito ogni cosa – mi ha tradito ancora!" Sì. Ed è ormai troppo tardi, perché la benedizione non può più essere ritirata. Dice, pieno di dolore, Isacco: "Ah, Esaù, tu, il mio primo figlio, hai perso il diritto di primogenitura: e dovrai servire tuo fratello!" E così, tutto è accaduto come il Signore, anni prima, aveva predetto a Rebecca.

GIUSEPPE

C'è diffidenza, dunque, ed anzi odio tra i due fratelli; tanto che, temendo per la vita, Giacobbe lascia la casa, e va ad abitare ad Haran, presso uno zio. Questi ha una figlia molto bella, di nome Rachele; di lei si innamora Giacobbe, che la sposa: e la sua vita ad Haran sarebbe molto bella, se egli non avesse nostalgia della casa del padre, cui pensa di continuo. Non resiste; e alla fine si mette in viaggio con la moglie. Ma è arrivato alla frontiera, ed ecco un messaggero dirgli affannato: "Giacobbe, tuo fratello Esaù sa che stai tornando, e sta arrivando con quattrocento guerrieri, per ucciderti!" Giacobbe comprende che nulla potrebbe fare, contro il violento Esaù: e gli si presenta umilmente quindi, offrendogli metà dei suoi greggi, e baciando la terra davanti a lui. Commosso, Esaù l'abbraccia: la pace tra i due fratelli è fatta.

Ma il Signore ha stabilito, per Giacobbe, un grande avvenire; e una notte gli appare dicendo: "D'ora in avanti, tu sarai chiamato Israele, che vuol dire 'principe di Dio'; a te

dò la terra che ho data ad Abramo, e da essa verrà stirpe reale!"

Rachele dona a Giacobbe dodici figli; ma muore dopo aver messo alla luce il dodicesimo, Giuseppe. Anche per questo Giacobbe s'affeziona profondamente al ragazzo, e per mostrargli il suo affetto, gli dona una ricca tunica colorata. Questo rende ancora più acerba la gelosia degli altri figli: "Come? – essi dicono – Giuseppe è il più giovane di noi, ed avrà il potere maggiore?" La gelosia diviene tosto odio; e i fratelli decidono di sbarazzarsi del giovane Giuseppe.

Un giorno, quindi, lo aggrediscono, gli strappano la tunica, e lo gettano in un pozzo disseccato, perché vi muoia di fame e di sete! Compiuta questa indegna azione, stanno tranquillamente mangiando, quando vedono avvicinarsi una carovana di mercanti Ismaeliti, diretti in Egitto. Dice uno dei fratelli: "A lasciar morire Giuseppe nel pozzo, non guadagnamo nulla: vendiamolo piuttosto a questi mercanti!"

Così vien fatto; mentre Giuseppe, venduto come schiavo, è condotto lontano, i fratelli imbrattano di sangue la sua tunica, e corrono poi a portarla al vecchio Giacobbe, dicendo: "Padre, padre, guarda! Nostro fratello Giuseppe è stato aggredito e sbranato da un leone!"

Per Giacobbe, è un immenso dolore. Coprendosi la faccia con le mani geme: "Sì, questa è la tunica di mio figlio!" comincia a piangere tra i singhiozzi e aggiunge "Ah, io scenderò piangendo nel regno dei morti!"

GIUSEPPE IN EGITTO

Giuseppe è stato ceduto ai mercanti Ismaeliti che lo hanno condotto, intanto, in Egitto, e che lo vendono a Putifarre capo delle guardie del Faraone. Questi, dapprima, mostra benevolenza ed affetto al giovane; ma poi, istigato dalla moglie, lo fa chiudere in una tetra prigione. Giuseppe non perde però la sua serenità: in verità, è Dio che lo protegge e che lo ispira, ed egli si mostra capace di interpretare i sogni degli altri prigionieri. Ora accade che il Faraone faccia uno strano sogno. Sogna d'essere sulle rive del Nilo: dal fiume escono sette mucche, grasse e forti, che si mettono a pascolare; ma su di esse s'avventano altre sette mucche, magre ed ossute, che le divorano. A questo strano sogno, un altro segue: da un unico stelo spuntano sette spighe rigonfie, che sono però mangiate da altre sette spighe, magre e come divorate dal vento infuocato. Impressionato, il Faraone cerca chi gli riveli il significato di questi sogni; e quando gli dicono che nella prigione c'è un tale Giuseppe, che conosce il segreto dei sogni, subito ordina che gli sia condotto davanti. Udito il racconto, Giuseppe dice: "I tuoi sogni significano che, dopo sette anni d'abbondanza, verranno per l'Egitto sette anni di fame e di carestia. Nomina, o Faraone, un saggio intendente, che prepari delle riserve di cibo, così che il tuo popolo non muoia di fame!"

Risponde il Faraone: "Tu sarai il mio intendente!" Giuseppe si mette al lavoro, e negli anni d'abbondanza fa preparare scorte di grano: quando viene la carestia, ecco che nessuno, in Egitto, muore di fame.

La carestia ha colpito altri paesi, tra i quali anche quello di Giacobbe; e questi dice ai suoi figli: "Ho sentito che in Egitto il grano non manca: andate dunque a comperarlo là, o morremo di fame!" I suoi figli si mettono dunque in cammino, e si presentano all'intendente del Faraone, nel quale non riconoscono Giuseppe, il loro fratello tradito. Egli invece, subito li ravvisa.

Dapprima, li tratta duramente; ma alla fine, dopo averli costretti a un nuovo viaggio, quando essi parlano di Giacobbe, egli non può più fingere, né nascondere la sua commozione, ed esclama: "Mio padre dunque vive ancora? Fratelli, non mi riconoscete? Io sono Giuseppe!"

Pieni di spavento, e timorosi della sua vendetta, i fratelli tacciono; ma Giuseppe a uno a uno li abbraccia, dicendo: "Andate nella terra di Canaan, e dite a mio padre che venga qui, da suo figlio Giuseppe, in Egitto!"

LA SCHIAVITÙ EGIZIA

Giacobbe e la sua gente vanno dunque a vivere in Egitto, stabilendosi nella provincia di Gessen; e Giuseppe, che è potente ormai come lo stesso Faraone, in tutti i modi li sostiene e li aiuta. Per diciassette anni, mentre il suo popolo laborioso diviene sempre più numeroso e ricco, Giacobbe ancora vive; quando, poi, sente che la morte si avvicina, chiama il prediletto figlio Giuseppe e gli dice: "Se mi vuoi bene, non seppellirmi in Egitto, ma nella terra dei miei padri!" Risponde Giuseppe: "Farò come comandi."

"Giuramelo!" chiede il morente. Giuseppe

giura; e fedele, trasporta la salma del padre nella terra di Canaan, tornando poi in Egitto. Il giorno della sua fine giunge inesorabilmente; anch'egli chiede di essere sepolto nella terra di Abramo: anzi, di Israele, come ormai tutti dicono. E il popolo d'Israele piange a lungo sul corpo di Giuseppe, perché, senza di lui, non v'è più nessuno che lo difenda alla corte reale.

Un nuovo Faraone, giovane e arrogante, ha infatti preso il posto del vecchio. Egli non ha alcun riguardo per gli Israeliti, nulla sa della saggezza di Giuseppe, e preoccupato dice: "Gli Israeliti sono ormai più numerosi e più ricchi di noi Egizi. Che accadrà, se in caso di guerra, essi dovessero schierarsi contro di noi, e al fianco dei nostri nemici? Saremmo certo distrutti! È quindi necessario renderli schiavi!" Così viene fatto: gli Israeliti, senza alcuna protezione, devono subire ogni sorta di prepotenza, e vengono ridotti alla schiavitù. Sotto la sferza crudele dei guardiani, sono costretti a lavorare, innalzando due città, che proteggano la frontiera del regno d'Egitto. Ma ciò non basta al Faraone: "Sono schiavi, sì – dice – ma sono troppo numerosi, e dobbiamo fare in modo che diminuiscano!" Chiama dunque a palazzo le levatrici, e dà ad esse un atroce ordine: "Quando aiuterete una donna israelita a mettere al mondo un bambino, siate attente: se è una femmina, lasciatela vivere; se è un maschio, fate in modo che muoia!"

Le levatrici non obbediscono, però, a quest'ordine che ripugna alla loro coscienza; quando il crudele Faraone se ne accorge, eccolo emanare una vera e propria legge, cui

nessuno osa disobbedire: tutti gli Israeliti appena nati, se maschi, debbono essere gettati nel Nilo. E così molti bambini vengono al mondo solo per essere miseramente annegati! Ora, una donna della tribù di Levi (una tribù tra le quali è diviso il popolo d'Israele) mette alla luce un bambino; e tanto lo ama, che per sottrarlo alla morte non lo mostra a nessuno, e lo tiene nascosto per tre mesi. Vorrebbe continuare ad allevarlo in segreto: ma si rende conto, alla fine, che ciò non le sarà possibile perché, prima o poi, qualcuno scoprirà il suo segreto. Che fare, allora? Annegare quel figlio tanto amato? No. La donna decide d'affidarlo alla pietà di Dio e degli uomini. Un giorno dunque va al Nilo, accompagnata da una figlia, e depone il suo bambino in una grossa cesta, che ha ben spalmato di pece, perché galleggi come una piccola barchetta; e affida la cesta all'acqua del fiume. Dice alla figlia:

"Non posso sopportare di rimanere qui; resta tu, per un po', a far da guardia a tuo fratello!" e singhiozzando se ne va.

MOSÈ

Di lì a poco in quel punto, dove l'acqua è limpida e bassa e trasparente, viene a prendere il bagno la giovane figlia del Faraone, accompagnata dalle sue ancelle. Vedendo la cesta galleggiare tra i giunchi, ella chiede:
"Che cosa c'è là dentro?"
"Un bambino!" risponde un'ancella che è corsa a vedere.
"Deve certo essere un bambino israelita." – mormora commossa la principessa pietosa.
La sorella del bambino, udite queste parole, esce allora dai giunchi ove stava nascosta, e dice:
"Vuoi tu, principessa, che io vada a chiamare una donna israelita, che si prenda cura del piccolo?"
"Così sia fatto" replica la figlia del Faraone.
La ragazza corre allora da sua madre, le narra tutto; ed ecco la donna felice farsi subito avanti, e riprendere suo figlio tra le braccia:
"Prendi questo bambino – le ordina la principessa, senza sapere che sta parlando alla madre del piccolo – e allevamelo: io ti darò la giusta ricompensa."
Come una balia, quindi, la madre allatta ed alleva il suo bambino; e quando s'è fatto più grande, va alla reggia e lo consegna alla principessa che lo chiama Mosè, nome che significa: "Io lo salvai dalle acque".

Salvato veramente dalle acque e dalla morte, Mosè cresce dunque nel palazzo del Faraone; e viene allevato come se fosse un principe, ed istruito ed educato dai sacerdoti e dai saggi proprio come se, un giorno, egli debba prendere la guida di un popolo.
Certamente, la pietosa principessa che lo ha tratto dalla cesta galleggiante tra i giunchi del Nilo non può immaginare che Mosè diventerà un condottiero; e, anzi, un fiero nemico del popolo egizio.
Passano gli anni, Mosè cresce robusto, colto, intelligente, ben addestrato anche nell'uso delle armi, come deve essere un principe. Egli poco o nulla sa degli Israeliti (o anche degli Ebrei, come più spesso vengono chiamati e questo nome significa "figli di Abramo") che vivono in Egitto, nella condizione di schiavi. Poco o nulla s'occupa di loro, fino al giorno in cui viene a sapere d'essere del loro stesso sangue.

Conosciuta la sua storia, il giovane Mosè s'avvicina quindi agli Ebrei, e ritrova tra di loro suo fratello Aronne, e da lui sente narrare la storia di Giuseppe, e di quanto è accaduto dopo la sua morte.
Egli, allevato dagli Egizi, e salvato dalla morte per la pietà della figlia del Faraone stesso, trova difficile credere che veramente gli Ebrei siano trattati così duramente, ed ogni giorno sottoposti ad umiliazioni e prepotenze.
Decide allora di andare di persona a vedere come davvero viva il popolo di Israele, del quale egli è figlio; e un giorno, uscito dalla reggia senza dire nulla e senza che nessuno l'abbia veduto, s'incammina verso il quartiere nel quale gli Israeliti sono costretti ad abitare ed a lavorare. Il suo cuore è pieno d'ansia.

L'INIZIO DELL'ESODO

Qui, Mosè vede gli Ebrei costretti a lavorare duramente, sotto le sferzate dei custodi egizi; e quando, vicino a lui, un Egizio con più violenza aggredisce e batte un Ebreo, egli non riesce a trattenersi, gli si avventa contro e con un colpo di lancia lo uccide. Convinto che nessuno lo abbia visto, poi, prende il cadavere e lo seppellisce, tornando poi, pensoso e preoccupato, alla reggia. Il giorno seguente, eccolo però di nuovo tra gli Israeliti; ancora vede un uomo duramente battuto da un altro: stavolta, però, si tratta di una rissa tra Ebrei. Mettendosi tra di essi, Mosè dice:

"Perché vi battete tra fratelli?"

"E perché tu – chiede uno dei due – vieni a far da giudice? Vuoi forse ucciderci, come ieri hai ucciso quel guardiano egizio?"

Mosè allora apprende che il suo atto è risaputo. Sì. Anche il Faraone ne è stato informato, e le sue guardie cercano Mosè per arrestarlo. Il giovane non perde tempo: fugge, andando a fermarsi, stanco, presso un pozzo, in una remota terra chiamata Madian. Siede, ansante, presso il pozzo, quando s'avvicinano alcune fanciulle, che recano il gregge all'abbeverata. Esse sono, però, brutalmente affrontate da alcuni pastori, che vorrebbero cacciarle: Mosè interviene con decisione e i pastori fuggono.

Riconoscenti, le fanciulle narrano l'accaduto al loro padre; questi, che è il sacerdote di Madian, affida a Mosè le sue greggi, ed anzi gli dà in sposa una delle sue figlie. Così Mosè, allevato nella reggia, diviene pastore. Ma Iddio ha preparato per lui un altro destino. Un giorno, che pascola le sue pecore, il giovane vede qualcosa di incredibile: un roveto che arde senza però consumarsi. Stupefatto, s'avanza; ed ecco, dal roveto, una voce:

"Mosè! Mosè!"

"Eccomi!"
"Non avvicinarti, Mosè, e togliti i calzari, perché questa è terra santa. Io – continua la voce che si leva dal roveto – sono il Dio di tuo padre, il Dio di Abramo e di Giacobbe!" Mosè, spaventato, nasconde la faccia nella polvere, e la voce riprende:
"Ho veduto le sofferenze del Mio popolo: te lo affido. Torna, va' dal Faraone, digli che vuoi condurre i figli di Israele fuori dall'Egitto." "Signore, lo farò – risponde Mosè – ma che dirò agli Israeliti, quando chiederò che mi seguano, e mi domanderanno: chi ti manda?" "Risponderai che ti manda Dio. Non temere, ti seguiranno. E se il Faraone s'opporrà alla vostra partenza, lo flagellerò fino a quando non sarà costretto a lasciarvi partire!" Così Mosè torna in Egitto, parla agli Ebrei che, ispirati da Dio, gli credono; e con suo fratello Aronne si presenta coraggiosamente al Faraone dicendogli: "Il Signore, Dio di Israele, ti manda a dire di lasciare andare il suo popolo."
"Non conosco nessun signore che possa darmi ordini – risponde sprezzantemente il Faraone – quanto a voi, andatevene, e non cercate di portare disordine tra la vostra gente!" Da quel momento, il re ordina che la sorveglianza sugli Ebrei sia più stretta, e più duri i loro lavori.

LE PIAGHE D'EGITTO

Il Faraone, insomma, diviene di giorno in giorno più duro verso gli Ebrei, e li minaccia e li costringe a lavori sempre più pesanti, e in mille modi li umilia; tanto che essi si rivolgono piangendo a Mosè e ad Aronne, dicendo loro: "Perché mai avete chiesto al Faraone di lasciarci partire? Non vedete che la sua ira s'è rivolta sopra di noi?"
Mosè allora si rivolge al Signore; e questi risponde:
"Va' dal Faraone, e digli che vi lasci andare. Se non lo farà, annuncia che leverò la Mia mano sull'Egitto, che conoscerà dieci terribili piaghe!"
Mosè ed Aronne parlano dunque al Faraone; ma questi, spalleggiato dai suoi sacerdoti, respinge la loro domanda, né mostra di temere la minaccia del Signore. E Iddio allora, manda sull'Egitto dieci tremende piaghe. La prima, è quella del sangue. Il Nilo, il grande fiume che fornisce agli Egizi l'acqua che li disseta e che feconda i loro campi, si trasforma in sangue; e sangue corrotto rimane per sette giorni. Ma il Faraone non cede. La seconda piaga è quella delle rane. Dagli stagni, dal fiume, dai fossi, sorgono milioni di rane, che si spargono ovun-

que, entrano nelle case, coprono la terra, guastando ogni cosa. Il Faraone si spaventa, e promette che lascerà partire gli Ebrei, se le rane spariranno. Ma quando esse sono scomparse, egli ritira la promessa. Altre piaghe dunque vengono: quella delle zanzare, quella delle mosche, e poi la spaventosa peste del bestiame. Viene poi la piaga delle ulcere: tormentati dagli insetti, con le greggi decimate, gli Egizi si ricoprono di tumori infetti e dolorosi. Ma il Faraone non cede. Viene allora la settima piaga, quella della grandine, e distrugge ogni campagna, ogni campo coltivato: non cade, però, nella terra di Gessan, dove vivono gli Ebrei. Duro di cuore, tuttavia, il Faraone non cede. Ed ecco l'ottava piaga, le locuste. Esse invadono tutto l'Egitto e distruggono tutto quanto è scampato alla grandine; e poiché ancora il Faraone rifiuta di lasciar partire gli Ebrei, ecco la nona piaga, quella della tenebra. È come se il sole si spegnesse, e per tre giorni un buio fitto ed orribile grava sull'Egitto, atterrito e silenzioso. Il Faraone non cede; giunge allora l'annuncio della decima, e più spaventosa piaga: tutti i figli primogeniti delle famiglie egizie morranno; e perché gli Angeli sterminatori

possano compiere la loro terribile opera, e distinguere le case degli Ebrei da quelle degli Egizi, Mosè ordina che ogni Israelita uccida un agnello, e con il sangue tinga la propria porta. Così vien fatto: e quando, la mezzanotte che segue, giunge la piaga mortale, i primogeniti ebrei sono salvi. Ma non c'è casa egizia in cui non si pianga. E tutto il grande paese risuona di lamenti. Il Faraone, stavolta, non ha più coraggio di resistere; nella stessa notte, chiama a sé Mosè ed Aronne e affranto dice ad essi: "Andate. Vi lascio liberi, voi e il vostro popolo!"

L'ESODO

Così, dopo una prigionia durata per quattrocentotrent'anni, il popolo di Israele si mette in marcia per tornare nella sua lontana Terra Promessa. È guidato da Mosè e da Aronne, e marcia in lunga colonna. Gli Ebrei si portano appresso tutto ciò che hanno potuto raccogliere, le loro robe, i loro carri, il loro bestiame; Mosè ha con sé le ossa di Giuseppe, perché ben rammenta che cosa ha chiesto, il gran vecchio, prima di morire: di essere sepolto nella sua terra.

Gli Ebrei non conoscono le piste del deserto nel quale si inoltrano: potrebbero quindi smarrirsi, e sarebbe allora la morte per tutti; ma a guidarli è il Signore stesso, che di giorno prende la forma d'una nube, e di notte, quella d'una colonna di fuoco.

Intanto, il Faraone, e con lui tutto il suo popolo, comincia a pentirsi d'aver lasciato partire gli Ebrei: "Lavoravano per noi, ci servivano, erano nostri schiavi – dicono gli Egizi – chi, ora, compirà i lavori che essi facevano?"

"Ebbene, li costringeremo a tornare!" esclama il Faraone, e si fa portare il suo cocchio da battaglia, e segui-

to da seicento carri, e dal fior fiore del suo esercito, si getta all'inseguimento degli Ebrei. Trova presto le loro tracce, e vede che esse, anziché dirigersi verso quel tratto di terra che dall'Egitto porta al Sinai, e di qui al paese di Canaan, vanno verso il mar Rosso:

"Gli Ebrei hanno sbagliato strada! – esclama – Ora sono stretti tra il deserto e il mare e non possono sfuggirci!"

In verità è così: ma Mosè ha guidato la sua gente per quella strada seguendo l'ordine del Signore. Gli Ebrei però, vedendo davanti a loro il mare, e alle spalle la polvere sollevata dagli Egizi, temono di non avere scampo, e gridano: "Mosè, Mosè, perché ci hai condotto qui? Dovremo dunque morire nel mare? Non potevi lasciarci nella terra d'Egitto?"

Mosè si inginocchia e si rivolge al Signore, che gli dice:

"Di' alla tua gente di avviarsi verso il mare. Quando sarai arrivato sulla sua sponda, alza il tuo bastone sulle onde, Mosè: esse si separeranno, aprendo una strada asciutta, sulla quale potrete camminare."

Mosè, forse, per un attimo, dubita e ha paura; ma tosto si rinfranca e grida al suo popolo, che sta lasciandosi prendere dal panico e dalla disperazione: "Non temete, state calmi! Il Signore non ci abbandonerà e ci salverà ancora una volta!"

GLI EGIZI NEL MAR ROSSO

Gli Ebrei, secondo gli ordini di Mosè, s'avviano dunque al mare; ed ecco il prodigio: le acque si ritirano, formando un passaggio che corre giù, nel fondo stesso dell'abisso. Attraverso di esso il popolo d'Israele può passare, con i carri e le greggi; le acque, trattenute dal volere di Dio, formano ai lati come liquide ma salde pareti.

Giunge in questo momento il Faraone, e vedendo che gli Ebrei si allontanano grida: "Inseguiamoli! Non devono sfuggirci!" e avanza; e con lui vanno i suoi cavalieri, con gran fragore d'armi e grida di trionfo... ma questa è la loro fine.

Perché, il Signore, a proteggere il Suo popolo e a castigare gli Egizi, ordina alle acque di richiudersi; e così avviene, e gli Egizi vedono, atterriti, quelle muraglie d'acqua quasi franare, e ricadere loro addosso da ogni lato.

Nel fondo del mare, troppo lontani dalle rive, non hanno scampo: tutti periscono annegati, e le acque si distendono su di loro.

Dalla sponda opposta, che hanno faticosamente raggiunta, gli Ebrei si volgono a guardare il mare, sul quale appaiono i corpi degli Egizi annegati: "Sì, il Signore – mormorano – è veramente con noi, e ci mostra i Suoi miracoli, e non abbandona il Suo popolo."

Mosè rende grazie a Dio, e poi ordina: "In marcia!"

Lo seguono; ma la strada, nel deserto che nuovamente si stende davanti a loro, è dura e difficile; e tosto si esauriscono i viveri portati dall'Egitto. Viene la stanchezza, e con la stanchezza la sfiducia; e la gente comincia a mormorare contro Mosè:

"Ci dici: avanti, in marcia. Ma quando arriveremo? O forse, morremo lungo la strada? Non sarebbe stato meglio rimanere schiavi in Egitto, che morire di fame e di sete in questa terra desolata?"

"Abbiate fiducia in Dio, ed Egli ci aiuterà!" risponde Mosè, perché il Signore gli ha rivelato che dal cielo farà giungere carne al Suo popolo; e poi, ogni mattina, il pane sufficiente a sfamare tutti.

Ed ecco infatti, la stessa sera, un immenso stormo di quaglie scendere dal cielo proprio sul campo degli Ebrei, che le catturano, le cucinano, e se ne saziano. Ed ecco ancora, il giorno dopo all'alba, tutto attorno all'accampamento una strana e densa rugiada bianca. Gli Israeliti, non sapendo che cosa sia, stupefatti si domandano: "Manhu?" che vuol dire "Che è questo?"

Risponde Mosè: "È il pane che vi ha promesso il Signore. Prendetelo e mangiatelo!" Così vien fatto, e gli Ebrei trovano squisito quel cibo. Iddio lo manda ad essi ogni mattina; ed esso viene chiamato "manna".

Avanti ancora, dunque, verso la Terra Promessa. Nel deserto del paese di Rafidim non v'è una sola goccia d'acqua, e gli otri sono vuoti, e la gente riprende a lamentarsi e a mormorare. Ma ispirato da Dio, ecco Mosè percuotere la roccia con il suo bastone: ed ecco, fresca, l'acqua zampillare, sufficiente a dissetare tutti!

I COMANDAMENTI

Il terzo mese dopo l'uscita dall'Egitto, il popolo di Israele giunge nel deserto del Sinai, e si accampa proprio di fronte all'alta montagna. Su di essa, per avvicinarsi a Dio, Mosè sale tutto solo.
Dio gli dice: "Che il Mio popolo si purifichi, e che preghi: perché tra tre giorni verrò nella Mia potenza, e gli darò la Mia legge!"
Così Mosè ordina che sia fatto: e mentre gli Ebrei pregano, il terzo giorno, ecco farsi udire grandioso il rimbombo del tuono, e lampi solcare il cielo, e una colonna di fuoco fulgente apparire in cima al monte. Coraggioso, e pieno di fiducia in Dio, Mosè riprende la strada della montagna, scortato da un gruppo di animosi giovani guidati da Giosuè. Sulla montagna, Mosè resta per quaranta giorni e quaranta notti, e Iddio, con voce risuonante e terribile, gli detta la Sua legge e gli spiega ciò che dovrà, in futuro, essere fatto per il popolo di Israele. Infine, incide su due tavole di pietra i Suoi dieci comandamenti. Eccoli:

Io sono il Signore, tuo Dio. Tu non avrai altro Dio che me.
Tu non nominerai invano il nome di Dio.
Tu santificherai i giorni di festa.
Tu onorerai tuo padre e tua madre.
Tu non ucciderai.
Tu non commetterai atti impuri.
Tu non ruberai.
Tu non mentirai.
Tu non desidererai le cose del tuo prossimo.
Tu non desidererai la donna del tuo prossimo.

Ma intanto che Mosè parla con Dio, e riceve la Sua legge, qualcosa di grave è accaduto nel campo. Stanchi di aspettare, e convinti che, ormai, Mosè non tornerà più, gli Ebrei si sono adunati attorno ad Aronne (che partito Mosè,

tiene il suo posto) e gli hanno detto: "Mosè non torna, il Dio di cui ci parla non si mostra più, ma noi vogliamo avere degli Dei che ci guidino nella nostra strada. Tu, Aronne, devi darci questi Dei!"
Aronne, impaurito, ha accettato: s'è fatto portare tutto l'oro che gli Ebrei hanno con sé, lo ha fatto fondere, e ha fatto plasmare con esso un vitello; attorno a questo idolo, la gente ha cominciato a danzare e cantare e a pregare, e a prosternarsi in adorazione.
Mosè frattanto sta scendendo dal Sinai; udendo cantare, chiede a Giosuè che lo sta attendendo: "Chi grida e canta così?" e ben presto vede ciò che accade: il suo popolo sta adorando il vitello d'oro. Travolto, allora, dalla rabbia e dalla delusione, egli getta a terra le tavole della Legge, e le infrange; poi, terribile, scende al campo e chiede ad Aronne:
"Che hai fatto? Vuoi che la maledizione di Dio cada su di noi?"
Aronne cerca si scusarsi, ma Mosè è inflessibile e grida: "Chi è per il Signore si unisca a me!" Subito corrono da lui gli uomini della tribù di Levi, ed egli ordina loro: "Armatevi, ed entrate nel campo, e chi ha adorato l'idolo e offeso Dio, paghi con la vita!"
Così avviene, e molti sono gli idolatri che vengono uccisi; e in tale modo, Mosè placa l'ira di Dio. Salito una terza volta sul monte Sinai, egli dal Signore riceve due nuove tavole, su cui sono incisi i comandamenti: tornato, Mosè ordina che sia innalzato un luogo sacro, e che le tavole di pietra della Legge siano poste in un'arca di legno, rivestita di oro purissimo, che sarà chiamata "arca dell'alleanza".

IL VIAGGIO E LE BATTAGLIE

Lungo la loro strada, gli Ebrei si imbattono in genti ostili, in popoli fieri e pronti a difendersi con le armi. Occorre procedere dunque con prudenza, e sempre preparati al combattimento.

Finalmente, dopo tanto cammino, si giunge alla meta: al di là delle montagne che chiudono il deserto di Faran, dove vien posto l'accampamento, si stende la terra di Canaan, che Iddio ha promesso a Israele. Mosè ordina che degli esploratori si spingano avanti, a vedere il terreno: "Sappiate dirmi – raccomanda ad essi – se la Terra Promessa è abitata da un popolo debole o forte; se è ricca o se è povera, se vi è o non vi è acqua, se le città sono murate o senza mura, se vi sono foreste o se tutto è senza alberi."

Gli esploratori, tutti giovani audaci, partono; e restano assenti per quaranta giorni. Mosè è molto preoccupato per la loro sorte, quando finalmente li vede tornare. Non hanno avuto perdite e recano i frutti della terra di Canaan: grappoli d'uva così grossi, che occorrono due uomini per portarli. Così riferiscono:

"Siamo andati in quella terra: ha forti città murate, ed è abitata da uomini alti e robusti!" Qualche altro esploratore aggiunge: "Impossibile continuare: quegli uomini sono troppo forti per noi. La loro terra non sembra fertile ed è molto brulla".

"Non è vero! – gridano Giosuè e Caleb, che sono stati con gli esploratori – è una terra buona e ricca e potremo battere chi la occupa!"

C'è inquietudine nel popolo; e Mosè non deve solo calmare la sua gente e infondere ad essa coraggio: deve placare anche l'ira di Dio, che vede come gli Israeliti non abbiano vera fiducia in Lui.

Colpiti dalla mano di Dio, tutti gli esplora-

tori muoiono, tranne Giosuè e Caleb; spaventati, allora, e incerti, gli Ebrei si stringono attorno a Mosè, gli chiedono consigli ed ordini; e lui dice:
"L'ira di Dio è su di noi. Davanti a noi, vi sono i popoli nemici degli Amaleciti e dei Cananei: con l'aiuto del Signore avremmo potuto vincerli, ma questo aiuto ci manca. Torniamo indietro, verso il Mar Rosso. Dovrete – aggiunge – attendere quarant'anni ancora, prima di entrare nella Terra Promessa, in modo che tutti coloro che al momento della partenza dall'Egitto avevano più di vent'anni, muoiano!" A queste terribili parole, molti gridano:
"Andiamo avanti lo stesso! Vogliamo entrare subito nella Terra Promessa! Portaci avanti, Mosè!"
"Troppo tardi! Dio non è più con noi!" è la risposta.

Non tutti si rassegnano a ritirarsi; schiere di Ebrei vogliono tentare d'aprirsi la strada, e salgono sulle montagne, decisi a passare. Sono però affrontati e posti in fuga dagli Amaleciti e dai Cananei.

IL PASSAGGIO DEL GIORDANO

Per quarant'anni dunque gli Ebrei vagano senza meta nel deserto, non osano più varcare le montagne che li separano dalla terra di Canaan. Molti di loro, in questo lungo vagabondare, muoiono; molti sono stanchi; molti rimpiangono l'ormai lontano Egitto. Muore anche Aronne, fratello di Mosè: questi, invece, saldo resiste, e nulla ha perso della sua fiducia in Dio. Dio, un giorno, dall'alto di un monte chiamato Abarim, lo invita a guardare la Terra Promessa, e gli dice:
"Ecco, questa è la patria. Ma ora che l'hai veduta, Mosè, preparati a raggiungere i tuoi padri, perché tu hai veduto la Terra Promessa, ma non vi entrerai."
Risponde Mosè: "Signore, allora metti un uomo alla testa del mio popolo, che lo guidi."
Replica Iddio: "Prendi Giosuè, e posa la tua mano sopra di lui."

In tale modo vien fatto: e il forte Giosuè assume il comando del popolo, proprio alla vigilia del grande momento in cui s'apriranno le porte della Terra. Promessa. Dovrebbe essere un momento di gioia ma v'è, tra gli Ebrei, profonda tristezza, perché il vecchio Mosè, l'uomo che li ha liberati dalla schia-

vitù d'Egitto, e che li ha condotti nel lungo viaggio, muore. Si spegne dopo aver benedetto tutte le tribù che formano il popolo di Israele; e viene sepolto nella Terra di Moab, in un sepolcro che non è più stato trovato.
Iddio si rivolge a Giosuè e gli dice:
"Ora che Mosè è morto, preparati a varcare con tutto il popolo questo fiume, il Giordano. Al di là di esso, qualsiasi terra i vostri piedi calcheranno, lo ve la darò. Sii forte, Giosuè, e non temere: Io non v'abbandonerò." Giosuè ordina allora che tutti si tengano pronti: "Preparate le vostre armi, rafforzate i vostri cuori, perché tra tre giorni varcheremo il fiume!" Tutti sono disposti ad obbedire senza discutere, perché sentono che il momento decisivo è giunto. Alcuni esploratori sono mandati avanti; e al ritorno, annunciano che la gente che vive nella terra di Canaan è atterrita per l'avanzarsi degli Ebrei; Giosuè leva dunque il campo, raggiunge le rive del Giordano, e ordina che l'arca dell'alleanza venga condotta dai sacerdoti in mezzo al fiume; e che quindi tutto il popolo compatto, le passi accanto, raggiungendo l'altra sponda. Tutti si mettono in marcia. Quando i sacerdoti che trasportano l'arca entrano nel fiume, l'acqua che scende s'arresta, e quella scesa procede via, scorrendo e scomparendo: tutto il popolo passa senza difficoltà nel Giordano disseccato miracolosamente. Secondo l'ordine del Signore, Giosuè comanda che dodici uomini (uno per ognuna delle tribù che formano il popolo) raccolgano dal letto del fiume una pietra, e la mettano nel loro campo, a ricordare il prodigio delle acque che hanno smesso di scorrere; e un monumento di pietre viene eretto proprio nel punto ove i sacerdoti hanno portato l'arca. Così gli Ebrei entrano nella loro Terra Promessa; i popoli che la abitano vengono presi da paura: "Come potremo resistere – si chiedono – a questa gente, aiutata da Dio?"
Gli Ebrei si accampano nella terra di Galgala, per iniziare la conquista della loro nuova e antica patria. Il primo ostacolo sulla loro strada è la città di Gerico. Giosuè sta preparandosi a questa battaglia, quando, camminando pensoso, vede d'un tratto davanti a sé un uomo con la spada in mano. Coraggiosamente lo affronta: "Sei dei nostri – chiede – o sei un nemico?"
Risponde l'altro: "Io sono un angelo del Signore. E vengo a dirti che la terra ove posi i piedi è sacra!" Giosuè cade in adorazione.

GERICO

La città di Gerico è difesa da una formidabile cinta di mura, sulle quali stanno armati i suoi abitanti, decisi a respingere gli Ebrei invasori. Giosuè è preoccupato, perché vede bene che soltanto con grandi perdite potrà espugnare la città. Pure, se vuole che il popolo abbia fede in lui, deve vincere. Ed ecco che il Signore gli appare e gli dice:
“Per sei giorni, Giosuè, gira attorno a Gerico con tutti i tuoi guerrieri: al settimo giorno, sette sacerdoti prendano ognuno una tromba, e procedano davanti all’arca dell’alleanza; per sette volte girerete attorno alle mura, e alla settima quando più alti saranno gli squilli delle trombe, ordinerai che tutto il popolo gridi, più alto e più forte che può.
Vedrai che le mura di Gerico

cadranno." Giosuè chiama allora i suoi ufficiali e i sacerdoti, ed ordina loro di fare esattamente come Dio gli ha indicato. Per sei giorni, dunque, l'esercito d'Israele gira attorno a Gerico, i cui difensori, dall'alto delle mura, guardano senza capire. Il settimo giorno s'avanza sfolgorante l'arca, preceduta dai sacerdoti, e si alza il suono squillante delle trombe. Per sette volte vien fatto il giro delle mura. I difensori di Gerico si domandano: "Che vuole, questa gente? Così, dunque, combattono questi strani guerrieri?"
D'un tratto, le trombe squillano più alte: e Giosuè ordina:
"Gridate! Gridate tutti, e più forte che potete!"
S'alza, da tutto il popolo di Israele, un urlo altissimo che scuote il cielo: ad esso, con un fragore cupo e formidabile, le possenti mura di Gerico si sbriciolano e cadono crollando, e trascinando giù i difensori. La città rimane senza difesa: passando sulle rovine delle mura gli Ebrei si lanciano dunque avanti, entrano nelle strade, tra le case. Così miracolosamente Giosuè conquista Gerico: e per tutta la terra di Canaan si sparge la voce di questa impresa; e cresce in ogni popolo l'ansia e la paura.

GIOSUÈ FERMA IL SOLE

Presa Gerico, Giosuè conquista la città di Ai, e procede avanti, mentre tutti i re della terra di Canaan pensano di unirsi in lega contro gli invasori.
Ora gli abitanti della città di Gabaon, convinti di non riuscire a respingere gli Ebrei, pensano di salvare la loro vita, se non la loro libertà, con l'inganno. Mandano dunque al campo di Giosuè degli ambasciatori con abiti logori e calzari slabbrati, e con asini vecchi, bolsi e spelacchiati, in modo che sembra che essi abbiano fatto un lunghissimo viaggio. Dicono gli ambasciatori: "Veniamo dalla città di Gabaon a chiedervi alleanza: concedetela, e saremo vostri servi."

"Non possiamo concedervi alcuna alleanza – risponde Giosuè – se la vostra città è vicina!" Gli ambasciatori, mostrando le loro vesti e i loro calzari, replicano: "Non vedi? Abbiamo fatto un lungo viaggio, perché Gabaon è lontana da qui." L'alleanza è dunque giurata. E quando, pochi giorni dopo, Giosuè s'accorge che Gabaon è, in realtà, proprio sulla sua strada, e assai vicina, rimane fedele alla parola data e risparmia la vita dei Gabaoniti, perché mancare a una promessa attirerebbe su di lui l'ira e lo sdegno del Signore. Contro gli Ebrei muove ora il formidabile esercito degli Amorrei, guidato da cinque re. La battaglia si svolge vicino a Gabaon: Giosuè guida i suoi guerrieri con tanto valore e tanta irruenza, che i nemici disfatti fuggono. Perché possano essere inseguiti e distrutti completamente, occorre però luce: "O sole – invoca allora Giosuè – fermati su Gabaon! O luna, fer-

mati sulla valle di Aialon!" Così accade: il giorno dura, la notte non giunge, e l'esercito dei cinque re è completamente distrutto. Di vittoria in vittoria, Giosuè conduce il suo popolo alla conquista dell'intera terra di Canaan; trascorre combattendo tutta la vita; e quando, alla fine, compiuta la sua missione, comprende che la sua ora si sta avvicinando, lui, che ha sempre parlato di guerra, rivolge al suo popolo un discorso di pace: "Servite il Signore – raccomanda – che ci ha guidati fino a qui! Non abbandonate mai le Sue leggi!"

Poi, chiude gli occhi per sempre.

GEDEONE

I figli di Israele sono, dunque, vittoriosi nella Terra Promessa; ma non per questo vivono in pace o sereni. Molti sono i popoli che si ribellano o che muovono loro guerra; e molte, anzi, troppe sono le volte che gli Ebrei dimenticano che la loro forza è in Dio, e che soltanto con il Suo aiuto essi hanno potuto vincere. Ogni qualvolta che, per malizia o per pigrizia, s'allontanano da Dio, conoscono dunque sconfitte e miserie. Più volte sono battuti dai Medianiti, avidi e feroci, e vengono costretti a rifugiarsi sui monti, o a rinchiudersi nelle loro fortezze. Sembra che la loro libertà sia persa per sempre, quand'ecco un angelo apparire a un giovane e povero contadino di nome Gedeone, e salutarlo così: "Il Signore è con te, o più forte tra gli uomini!"

Gedeone è sorpreso da queste parole; ma l'angelo gli dice che il Signore l'ha scelto per condurre alla riscossa il suo popolo; Gedeone si piega allora al volere divino: lascia i campi, si arma, e chiama gli Ebrei alla guerra. Sono trentaduemila i giovani che accorrono e che si apprestano a combattere i Medianiti. Ma il Signore ammonisce: "Gedeone, hai troppa gente con te: manda a casa i timidi e i paurosi." Così avviene: le forze di Gedeone si riducono a diecimila uomini. Ma il Signore dice ancora: "Siete in troppi, e potreste così pensare di vincere per il vostro numero, e non per il Mio volere. Conduci i tuoi uomini a una fonte, Gedeone, e di' loro che bevano: poi, rimanda a casa tutti coloro che bevono piegando le ginocchia." Gedeone obbedisce ancora: e resta con soli trecento uomini. Pochissimi, per una guerra: ma hanno dalla loro parte Dio.Gedeone s'avanza dunque verso il campo dei

Medianiti; e divisi i suoi trecento guerrieri in tre schiere, ordina che ciascuno prenda una tromba, una torcia accesa e un'anfora: "Mettete la torcia nell'anfora – dice – in modo che i nemici non ci vedano mentre ci avviciniamo. E quando sarete su di loro, fate come farò io!"

Gli Ebrei s'avanzano in silenzio fino al campo nemico; poi Gedeone trae la sua torcia, infrange rumorosamente l'anfora e soffia nella tromba: tutti fanno come lui, e gridano: "La spada del Signore e di Gedeone!" Colti di sorpresa, atterriti dal frastuono, credendo d'avere addosso un grande esercito, i Medianiti non riescono ad organizzarsi e sono attaccati, travolti, posti in fuga e distrutti. Gli Ebrei riprendono le terre perdute, inseguendo i nemici fin oltre il Giordano. Vorrebbero che Gedeone divenisse loro re, ma egli risponde: "No. Il nostro re è uno solo: Iddio."

LA FINE DI SANSONE

"Non piangere, via! Ti dirò la verità – dice allora Sansone – la mia forza sta nei miei capelli, li vedi? Ebbene, se qualcuno me li tagliasse, io diverrei debole come tutti gli altri uomini!"
Dalila stavolta è certa di conoscere il vero segreto di Sansone; e una notte, che egli dorme con la testa sul suo grembo, ella fa silenziosamente entrare alcuni Filistei, che radono fino in fondo i capelli del gigante.
"Sansone! – grida allora Dalila – Ecco i Filistei che t'assalgono!" Sansone si desta e balza in piedi pronto alla lotta: ma, senza capelli, è senza forza, e viene afferrato, gettato a terra, legato. Spietati ed esultanti, i Filistei gli cavano gli occhi, e lo ricoprono di catene, portandolo poi nella loro città di Gaza dove, come se fosse una bestia, lo mettono a girare la macina di un mulino, facendosi beffe di lui.
Di tanto in tanto, anzi, lo vanno a prendere e lo portano in giro, insultandolo: debole com'è, non lo temono più; cieco com'è, non fa più paura. Un giorno, che i Filistei in tremila tra uomini e donne siedono in una splendida e grande sala, per un banchetto, qualcuno propone: "Facciamo venire qui Sansone, e divertiamoci facendolo giocare per noi!" Così viene fatto; il gigante cieco e incatenato è condot-

to nella sala, dove tutti si fanno beffe di lui, e tra le risate dei Filistei, è costretto a far capriole, come un pagliaccio, tra due grandi colonne. Per schernirlo ancora di più, i Filistei hanno messo a fargli da guardia un ragazzino. Ma essi, che lo punzecchiano e lo prendono in giro, non si sono accorti che, col passare del tempo, i suoi capelli sono ricresciuti e tornati lunghi. Sansone, invece, sente che l'antica forza percorre i suoi possenti muscoli. Per questo, invocato Dio, egli mormora d'un tratto al ragazzo che lo custodisce:

"Sono stanco di far capriole. Lascia che, per riposarmi, io mi appoggi alle colonne!" "Fallo pure" è la risposta. Sansone allora lancia un'invocazione muta a Dio, e gridando: "Muoia Sansone con tutti i Filistei!" fa forza contro le colonne: le spinge, le smuove, le abbatte. E il palazzo crolla seppellendo tutti. E così, morendo, Sansone uccide più gente di quanta mai ne abbia ucciso, da vivo, affrontandola in campo!

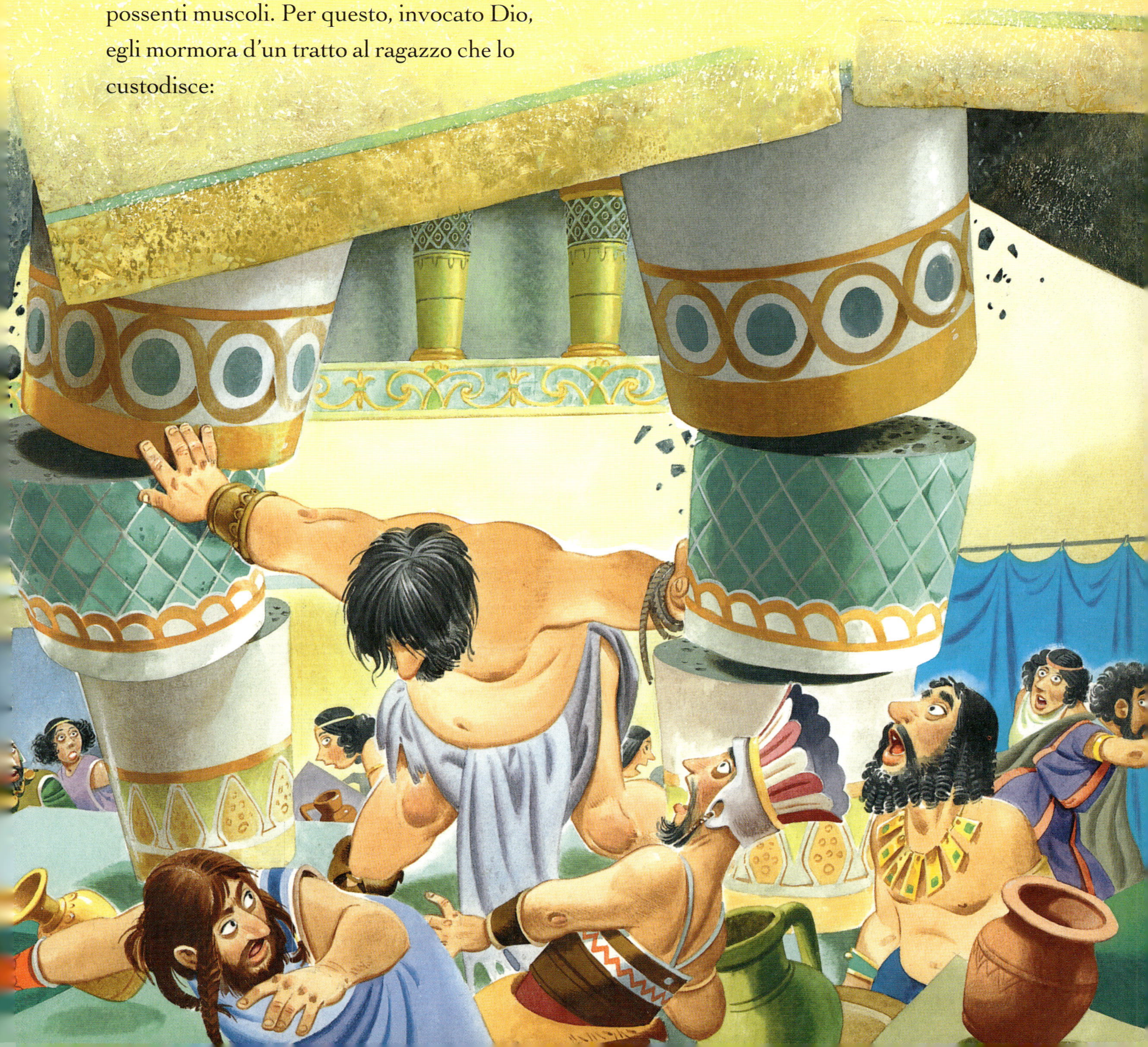

SAUL

A guidare spiritualmente il suo popolo, il Signore chiama Samuele, il saggio, che per lunghi anni rende giustizia agli Ebrei, comunicando loro il volere di Dio. Gli Ebrei hanno però bisogno di un re; e così un giorno chiedono a Samuele:
"Scegli un re che ci governi e abbia potere su di noi."
Samuele si raccoglie in preghiera, ma non sa chi indicare. Proprio allora, ecco che alla sua porta viene a bussare un giovane bello, forte, ed alto più d'ogni altro Israelita:
"Tu sei sapiente – dice – e sai tutto. Puoi dirmi dove sono le asine che mio padre ha smarrito? Sono molti giorni che le cerco invano." Vedendo quel giovane, il cui nome è Saul, Samuele comprende che è stato Iddio ad inviarlo, e gli risponde: "Non darti pensiero delle asine di tuo padre, perché sarai re d'Israele!"
Qualche tempo dopo, infatti, le dodici tribù di Israele si radunano, per eleggere il loro re: "Sarà la sorte – dicono – a decidere!" e la sorte, come ha predetto Samuele, indica il giovane Saul, della tribù di Beniamino. Saul diviene re in un momento di pericolo: il popolo degli Ammoniti ha infatti assediato la città ebrea di Jabesh, i cui abitanti invocano disperatamente soccorso. Ma gli Ammoniti sono feroci in guerra, e per questo, nessuna delle tribù di Israele risponde alla chiamata di Saul, che invita alle armi. Il giovane re,

buono con me?" domanda Ruth inginocchiandosi. Booz risponde: "Perché tu sei stata pietosa con Noemi, e per aiutarla hai lasciato la tua terra."

Così Ruth riprende a spigolare, e a sera, felice, porta ciò che ha raccolto a Noemi. Il giorno dopo, eccola tornare ai campi di Booz; e nel cuore di questi comincia a nascere l'amore per la fanciulla, così bella, modesta e gentile. Egli vorrebbe sposarla: ma non è il solo parente di Echimelec; ve ne è un altro, più prossimo di lui: e a questo dunque spetta, per legge, il diritto di prendere la ragazza, e con lei, anche il campo di Noemi. Booz con qualche amico va allora da lui e gli dice: "Noemi vuol vendere il campo del nostro parente Echimelec: vuoi tu comperarlo, o rinunci ad esso?"

"Comprerò quel campo" risponde l'uomo. Booz aggiunge:

"Sì: ma con esso, dovrai prendere anche sua nuora Ruth, in modo che la famiglia di costui non perisca."

L'altro risponde allora: "Non farò questo, ho già la mia famiglia e il mio nome da custodire. Rinuncio." Booz allora, felice, corre da Ruth, e si celebrano tosto le nozze. E questa potrebbe essere solo una gentile storia d'amore: ma da Booz e da Ruth nascerà Obed, e da questi Isai, e da questi Davide, grande re di Israele.

sdegnato, fa allora uccidere due buoi, li fa tagliare in dodici pezzi, e manda un pezzo a ciascuno dei capi tribù, con questo avviso: "Chi non obbedirà subito agli ordini di Saul farà la fine di questo bue!"

Tutti allora accorrono, e al comando di Saul non sconfiggono solo gli Ammoniti, ma anche i Moabiti e i Filistei. Al fianco di Saul, si batte con gran coraggio suo figlio, il giovanissimo Gionata.

Ora, durante la guerra contro i Filistei, un giorno che duramente si combatte, Saul, che è di aspro e collerico carattere, esclama: "Sia maledetto chi mangerà, prima che il nemico sia stato distrutto!" e queste sono parole insensate, perché gli uomini non possono battersi con forza, se non mangiano. Ora, Gionata non ha udito queste parole del padre e trovandosi con un suo reparto in un bosco, ecco che si nutre con del miele d'un favo che vede a terra. Mangiando, la stanchezza del combattimento gli scompare, e i suoi occhi brillano. Ma un soldato gli dice: "Ah, Gionata, hai mangiato, e sarai maledetto da tuo padre!" Gionata replica: "Mio padre sbaglia: se tutti noi avessimo mangiato, come ho fatto io, la sconfitta dei Filistei sarebbe più dura!"

Ecco quindi che Saul dimostra con questo ordine senza senso a cui neanche suo figlio ha obbedito, di non essere più un buon re.

In effetti, col passare degli anni, Saul monta in superbia e si discosta dalla strada di Dio: tanto che disobbedisce più d'una volta a Samuele, che viene a recargli gli ordini del Signore.

Allora Samuele lo ammonisce severamente, dicendogli: "Bada, Saul! Tu respingi la parola di Dio, e Dio respinge te, e non ti riconosce più come re del Suo popolo!"

Per quanto turbato, Saul non lascia il trono, e continua a regnare.

DAVIDE

Di giorno in giorno, Saul si fa più cupo, più triste; è come tormentato da un male profondo; e intanto, seguendo la parola di Dio, Samuele si reca a Betlemme, perché è qui che, come il Signore gli ha detto, troverà un uomo degno d'essere unto come re d'Israele. A Betlemme, Samuele vede infatti un ragazzo rosso di capelli, bello in volto, dalle spalle quadrate; e domanda: "Chi è quel ragazzo?"
"È Davide, mio figlio," risponde un uomo chiamato Isai.
Samuele non ha dubbi: chiama a sé il ragazzo e lo unge con il sacro olio che custodisce in un corno, segretamente proclamandolo re di Israele. Il piano del Signore si compie: di lì a qualche tempo, infatti, Saul manda a cercare qualcuno che, suonando la cetra, lo conforti nella sua tristezza e nei suoi tetri pensieri; e poiché Davide è un buon suonatore, ecco che viene introdotto nella corte reale. E suona dunque per Saul, e il vecchio re, alle note della cetra, si consola, e talvolta torna a sorridere, e prende Davide sotto la sua affettuosa protezione.
Ma la guerra è sempre alle porte, e nuovamente si presentano alla frontiera i Filistei, preceduti da un gigantesco guerriero, di nome Golia. Coperto di ferro, e con una lancia poderosa, Golia si presenta da solo davanti al campo degli Israeliti, e grida: "Perché vi siete scomodati così in tanti? Venga fuori un uomo solo, e si batta con me: se vincerà, noi Filistei saremo vostri servi; se perderà, voi sarete servi di noi Filistei!" Ma nessuno ha il coraggio d'affrontare il gigante, che per giorni e giorni ripete la sua sfida. Ecco allora farsi avanti Davide, e dire a Saul: "Non posso tollerare che quel rozzo Filisteo continui ad insultare il popolo di Dio. Re, andrò ad affrontarlo!"
"Tu? – chiede il re stupefatto – Ma tu sei un ragazzo!" "No, io sono un soldato di Dio!" "Mettiti allora una corazza, Davide, o Golia ti farà a pezzi!"
Davide indossa dunque una corazza, ma non è abituato a portarla e così, vestito di ferro, non riesce nemmeno a muoversi. Dice allora: "Re, andrò a battermi con Golia così come sono!" e raccoglie cinque sassi dal greto d'un fiume per poi andare arditamente verso il campo dei Filistei, armato d'un bastone e della sua fionda.
Golia lo vede venire, e andandogli incontro gli chiede: "Che vuoi, ragazzo?"
"Voglio battermi con te, perché troppo a

lungo hai insultato il popolo di Dio!" Golia ride ferocemente: "Sia pure! Tra un po' i cani e gli avvoltoi mangeranno il tuo cadavere!" e brandendo la sua grande lancia si fa avanti. Davide senza tremare l'attende: fa roteare la sua fionda, e scaglia una pietra che va a colpire violentemente il gigante tra gli occhi. Un grido: e Golia cade a terra. In un attimo, Davide gli è sopra, gli prende la spada e, nel silenzio attonito che s'è fatto attorno, gli mozza il capo!

DAVIDE E SAUL

Vittorioso, dunque, Davide rientra alla corte, e diviene grande amico di Gionata, il valoroso figlio di Saul. Cantano le donne israelite: "Saul ha ucciso mille uomini, ma Davide ne ha uccisi diecimila!"

Sempre cupo nel cuore, Saul comincia così ad essere geloso del giovane; e la sua gelosia arriva al punto che un giorno, mentre Davide suona la cetra per rallegrarlo, cerca d'ucciderlo con una lancia. Davide a malapena schiva il colpo; e da questo momento, sarà lotta tra lui e Saul. È una strana lotta: Saul chiede perdono a Davide, e lo prega di restare a corte: chiede però a Gionata d'ucciderlo; poi si pente, e dà una sua figlia in sposa a Davide: "Sarai mio genero" gli dice. In realtà, vuole che il giovane abbia un alto comando nell'esercito, che vada a combattere i Filistei (che lo odiano, da quando ha ucciso Golia) e che, in una battaglia o nell'altra, egli muoia. Infine, Davide è costretto a fuggire; e si rifugia con alcuni seguaci nel deserto, cacciato spietatamente da Saul. Ora, un giorno, Saul entra in una caverna per riposarsi: non immagina che, nel fondo di essa, sia nascosto Davide. Questi potrebbe facilmente uccidere il re: "Non sia detto – pensa tuttavia – che io mi renda colpevole d'assassinio agli occhi di Dio!" e, senza che Saul se ne accorga, gli taglia un lembo del mantello. Quando il re, infine, esce dalla grotta, Davide lo chiama, e mostrandogli il pezzo del mantello, grida: "Re, perché mi perseguiti? Non vedi che avrei potuto ucciderti, e non l'ho fatto?"

Saul piange, o per rimorso o per dispetto, e se ne va. Ma tristissimi giorni giungono per il popolo ebreo: il saggio Samuele

muore, e i Filistei tornano all'attacco, sconfiggendo in una grande battaglia l'esercito israelita: vengono uccisi tutti i figli di Saul, compreso il prode Gionata e il re stesso, per non cadere nelle mani nemiche, si dà la morte. Veramente sembra che il regno d'Israele debba scomparire: ma a prendere il trono (secondo la profezia di Samuele) e a portar il popolo alla riscossa è Davide, che batte i Filistei e conquista Gerusalemme, che d'ora in avanti sarà la capitale del regno.
Davide è un re saggio, generoso e forte. Talvolta però gravemente sbaglia, come quando s'innamora follemente della bella Betsabea, moglie di un ufficiale, Uria: per poterla sposare, Davide ordina che Uria combatta sempre in prima linea, in modo

che, prima o poi, sia ucciso. Così accade, e il re sposa Betsabea. Ma questo non piace al Signore; e cominciano per Davide anni tristi, nei quali si succedono guerre, malcontento, rivolte: una ribellione è guidata, addirittura, da Assalonne, suo figlio!
Assalonne viene alla fine ucciso; e per Davide, che sta rapidamente invecchiando, è un dolore terribile, alleviato solo dalla bontà e dalla intelligenza d'un suo figlio, Salomone. Quando, dopo la sua vita avventurosa, Davide sente la morte avvicinarsi, raccomanda a Salomone di camminare sempre lungo la strada di Dio. Gli Ebrei a lungo piangono la fine di questo loro re, audace e vittorioso.

SALOMONE

Salomone sale dunque al trono: e sotto il suo regno, Israele raggiunge il culmine della sua potenza. Nessun popolo ha più il coraggio di minacciare le sue frontiere, ben guardate dal saldo esercito; il re amministra con fermezza e sapienza, coadiuvato da fedeli funzionari; il popolo è prospero e felice. La fama di Israele si spande al di là dei monti e dei mari.

A mostrare come Salomone renda giustizia, si narra questo episodio: un giorno, si presentano a lui due donne, che recano un bambino appena nato; e una di loro dice:

"Re, questa donna ed io viviamo nella stessa casa; e a distanza di tre giorni l'una dall'altra, tutte e due abbiamo messo al mondo un bambino. Ora, il figlio di questa donna, ieri notte, è morto: lei è venuta nella mia stanza, s'è presa il mio bambino, mettendo al suo posto quello morto; e ora vuol tenere mio figlio! Fammi giustizia, o re!" Esclama l'altra donna: "Tu menti! Il bambino che è morto non era il mio, ma il tuo!" e così, piangendo, le due donne litigano tra di loro.

Salomone dice allora, calmo e severo:

"Bene: ciascuna di voi avrà metà del bambino. Tu – ordina a un suo soldato – taglia il bimbo in due!"

A queste parole, e vedendo che il soldato ha sguainato la spada, la donna il cui figlio era morto, dice: "Sia fatto così!" ma l'altra, vedendo suo figlio in procinto d'essere ucciso, grida: "No, lasciatelo vivere! Datelo piuttosto a costei, ma non uccidetelo!"

A queste parole gridate con dolore e passione, Salomone dice: "Date il bimbo a questa donna, che è la sua vera madre."

Forte, saggio e pacifico, Salomone decide di costruire in Gerusalemme un tempio, che sia la casa del Signore, e che mostri la potenza di Israele. Per sette anni, dunque, migliaia di muratori, di carpentieri, di falegnami, di scultori e di scalpellini lavorano nel cuore di Gerusalemme; e da ogni parte

giungono celebri artisti, ed orafi, e marmisti. Quando è finito, il tempio è uno degli splendori d'Oriente. Il suo interno è tutto rivestito di cedro del Libano, l'altare è d'oro purissimo. Una solenne processione reca in esso l'arca dell'alleanza.
Gerusalemme viene arricchita anche da due splendidi palazzi reali; e da lontano giungono gli ambasciatori di potenti regni a rendere omaggio a Salomone: viene anche la regina del misterioso e ricchissimo paese di Saba. Salomone regna per quarant'anni, e viene poi sepolto in Gerusalemme. Ma Roboamo, il figlio, che gli succede, non ha né la sua saggezza né la sua energia. Sotto di lui, qualcosa di grave accade: dieci tribù, delle dodici che costituiscono il popolo di Israele, gli si ribellano: gli restano fedeli solo quelle di Giuda e di Beniamino. Il regno viene quindi diviso in due: quello di Giuda, con capitale Gerusalemme, e quello di Israele, con capitale Sichem, e poi Samaria. Re di Israele è Geroboamo che, per tener lontani i suoi sudditi da Gerusalemme, rinnega la fede nel vero Dio, e fa adorare dal suo popolo due vitelli d'oro. Parte di Israele, in tale modo, torna alla religione degli idoli!

ELIA

Tosto anche il regno di Giuda volge le spalle al vero Dio, per adorare gli idoli. Il Signore suscita allora, nel cuore di un uomo saggio, l'ardente fiamma della fede, che è destinata a trionfare. Quest'uomo è Elia, che nulla teme e che predica la parola di Dio, spingendo anche lo sguardo nel futuro. Il suo esempio verrà tosto seguito da altri uomini, detti come lui profeti.

Regna su Israele Achab, un uomo duro, cha ha sposato una donna addirittura feroce, Jezabel, e che adora il falso dio Baal. Più d'una volta, coraggiosamente, Elia lo sfida; e giunge, infine, a suscitare su tutto Israele una siccità terribile e lunghissima. Il popolo ha fame e sete, Elia allora si presenta ad Achab, e così sfida i quattrocentocinquanta sacerdoti del dio Baal: "Sacrificate un bue, e io farò altrettanto. Mettetelo sopra una catasta di legna, e io farò altrettanto. Chiedete al vostro dio che incendi quella legna, e io farò altrettanto. Vedremo se Baal ha il potere del mio vero e unico Dio!"

Così viene fatto; e invano i sacerdoti di Achab invocano Baal, chiedendogli di incendiare la legna: non appena, invece, Elia si rivolge al Signore, ecco la fiamma ardere chiara ed alta. Ed ecco, alle sue

assassinato e rubato! Ebbene, il castigo di Dio ti colpirà con la rovina della tua casa!" Elia profeta non parla mai invano. Qualche tempo dopo, in una battaglia contro i Siriani, Achab raggiunto da una freccia mentre combatte sul suo cocchio muore; e più tardi, miseramente viene uccisa la crudele Jezabel, e con lei i figli di Achab e tutti i sacerdoti di Baal.
Elia, invece, non muore su questa Terra. Seguendo l'ordine di Dio, egli varca il Giordano: appare un carro di fuoco, da cui scende un turbine che avvolge il profeta, e lo trasporta su nel cielo.

preghiere, cadere la pioggia che pone fine alla carestia. Ciò però non basta ad Achab; ed Elia è costretto a fuggire nel deserto. Achab è sempre più avido, e non tollera che qualcuno lo contraddica. Accanto al suo palazzo v'è la vigna d'un uomo chiamato Nabot; Achab gli dice: "Cedimi la tua vigna, che io ne faccia una ortaglia." Risponde Nabot: "È l'eredità di mio padre, e io non la cederò a nessuno."
Sdegnato, Achab parla della cosa alla feroce Jezabel, che gli dice: "Sta' di buon animo, e lascia che di Nabot mi occupi io!" Ciò detto, tende la sua insidia. Fa accusare Nabot di bestemmia e lo fa lapidare, uccidere cioè a sassate. Poi esultante annuncia ad Achab: "La vigna è tua!"
Elia allora si ripresenta ad Achab, pieno di sdegno, e gli dice minaccioso: "Re, tu hai

GIOBBE

Vive nella terra di Uz un uomo di nome Giobbe, semplice, retto, timorato di Dio; ha sette figli e tre figlie; possiede settemila pecore, tremila cammelli, mille buoi, cinquecento asini e moltissimi servi e pastori. È, insomma, ricchissimo, e quindi può permettere che i suoi figli e le sue figlie passino una vita spensierata e tranquilla: egli è sempre attento, però, che nessuno di loro si renda odioso agli occhi di Dio. A Dio si presenta un giorno Satana, dicendo: "Ho appena compiuto il giro della Terra." Il Signore gli chiede: "Dimmi, allora: v'è un altro uomo che mi onori più di Giobbe?" Satana si stringe nelle spalle: "Giobbe Ti onora – risponde – perché lo hai colmato di ricchezze: prova a togliergliele, e vedrai se t'onorerà ancora!" Dio accetta la sfida di Satana: "Fa quello che vuoi delle sue ricchezze, ma non far del male alla sua persona."

Satana si pone subito all'opera; ed ecco un messaggero giungere ansimante da Giobbe ed annunciargli: "Signore, i guerrieri Sabei hanno rubato i tuoi asini e i tuoi buoi, e assassinato i tuoi pastori: sono rimasto vivo io solo, per raccontartelo!" Non ha ancora finito di parlare, che un altro servo annuncia come un incendio, provocato da un fulmine, abbia distrutto tutte le stalle, uccidendo pecore e pastori; e un terzo viene, e narra che i banditi Caldei hanno rubato tutti i cammelli e fatto strage dei servi. La notizia più terribile viene per ultima: "Signore, i tuoi figli e le tue figlie, che banchettavano, sono morti sotto le macerie della casa crollata!"

Percosso da tante spaventose disgrazie, Giobbe si dispera, ma poi dice: "Il Signore ha dato, il Signore ha tolto, sia benedetto il Suo nome!"

Nel cielo, Dio chiede a Satana: "Vedi? malgrado le disgrazie e la povertà che lo hanno

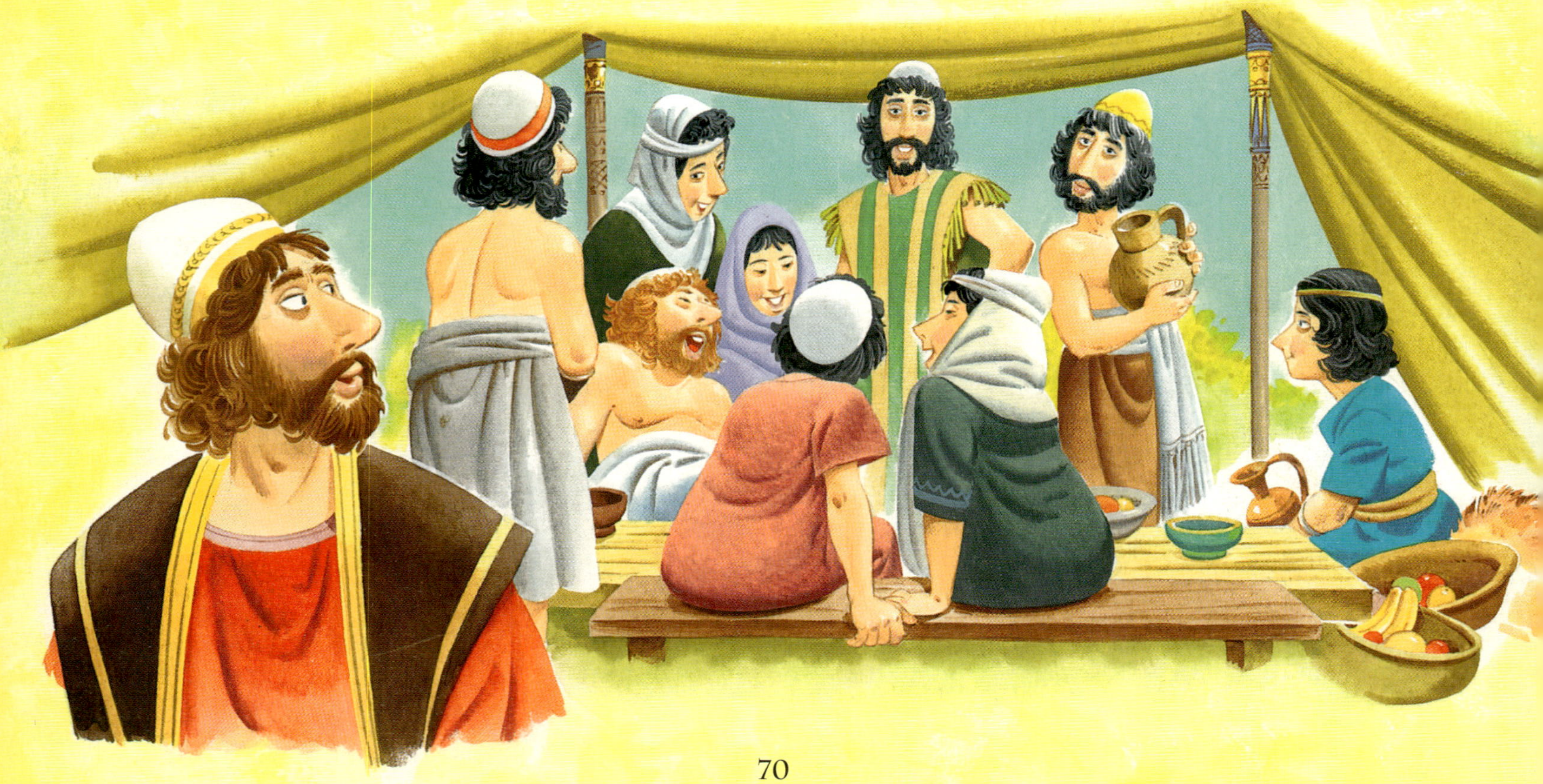

colpito, Giobbe Mi benedice ancora!"
Replica Satana: "Colpiscilo nel corpo, e vedrai se continuerà a benedirTi!"
"Fa ciò che vuoi del suo corpo, ma non toccare la sua vita!"
Satana manda allora a Giobbe una terribile malattia; e il povero Giobbe, con il corpo ricoperto di piaghe purulente, è costretto a lasciare la sua casa, e miseramente va a rintanarsi su un letamaio, lontano da tutti. Agli amici, che impietositi vanno a trovarlo, dice: "Se accettiamo da Dio il bene, dobbiamo anche accettare il male!"
A lungo, poi, discute con essi che, anziché consolarlo, lo rimproverano, dicendo che certo egli deve aver compiuto gravi peccati, se Dio così lo perseguita. Giobbe ascolta sospirando, e dà finalmente sfogo al suo dolore: "Ah, mai fossi nato! – esclama – E mai vivessi! Non so perché Dio mi colpisce così: sono certo di non averLo offeso. Certo, Dio è giusto: ma io sono innocente, e se non avessi timore di Lui, potrei dimostrarlo! Oh, se avesse pietà di me Suo servo, e mi togliesse dal mondo, o mi mandasse qualche consolazione!" A questo punto, Dio interviene, e in un turbine parla con voce tonante, e ammonisce Giobbe a riconoscere la Sua grandezza, e ad accettare senza lamento le Sue decisioni. Ma Egli, ormai, è certo della fedeltà del Suo servo: e certo anche di aver vinto la sfida con Satana. Manda così a Giobbe nuove gioie, nuove ricchezze, nuovi figli e nuovi amici: e così Giobbe, lodando Iddio e la Sua giustizia, può vivere serenamente, e morire carico di anni.

GIUDITTA

Il grande Nabucodonosor, re di Assiria, ordina al suo generale Oloferne di conquistare Israele. Con un grande esercito Oloferne inizia l'impresa, e dopo aver devastato e soggiogato varie terre, si presenta alla frontiera della terra degli Ebrei. Costoro si fortificano nelle città, o fuggono sulle montagne. Oloferne assedia la città di Betulia, ma non l'attacca, aspettando che la fame e la sete spingano il popolo alla resa. Proprio alla vigilia di essa, ecco una giovane, ricca e bellissima vedova, di nome Giuditta, presentarsi al Consiglio degli Anziani, rimproverarli per la scarsa fede in Dio, e chiedere il permesso d'uscire dalla città: che cosa

voglia fare, nessuno deve chiederglielo.

Il permesso è accordato e Giuditta, splendida nella sua veste più bella, si presenta al campo assiro, dove le sentinelle la arrestano quale spia e la conducono davanti ad Oloferne, che è profondamente turbato dalla bellezza della donna. Ella gli dice:

"Ti reco, o grande condottiero, un messaggio di Dio: tra non molto, tu entrerai in Betulia!"

Oloferne invita Giuditta a cenare e a

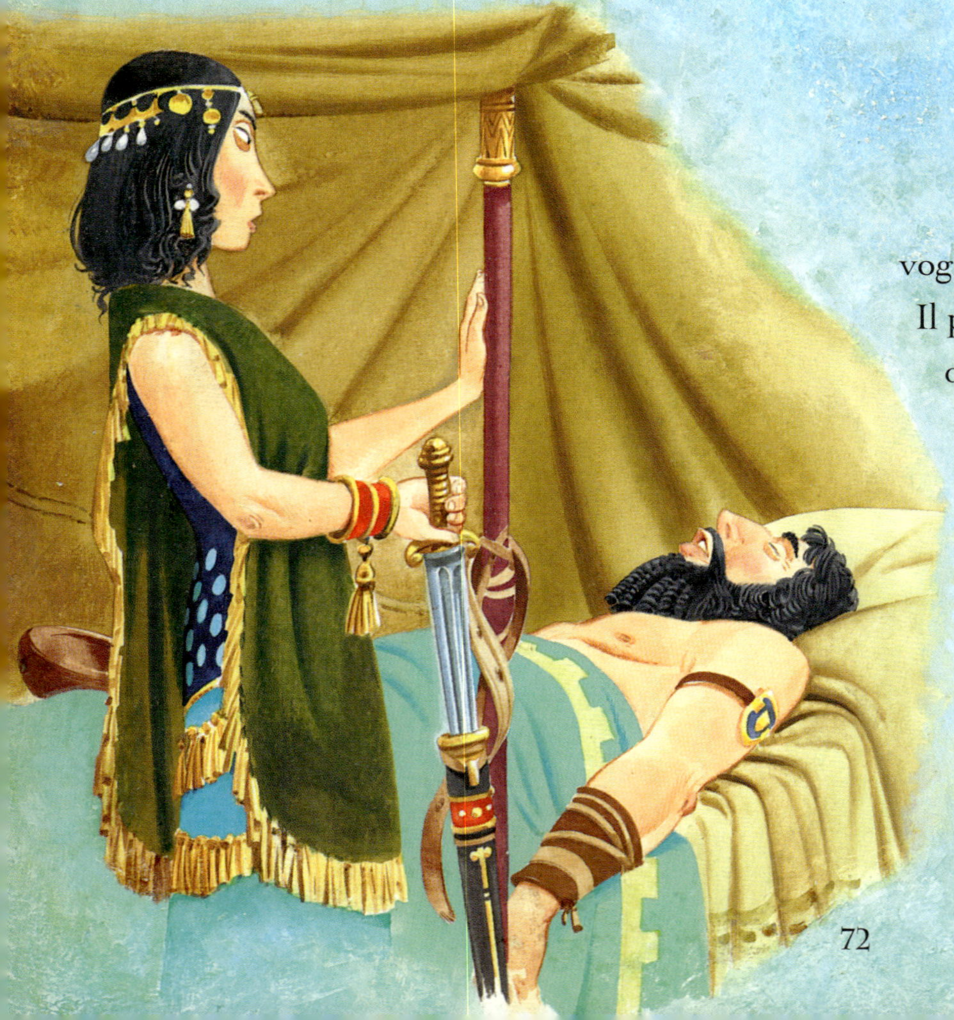

bere con lui, e poi ordina che nessuno la molesti, e che ella possa liberamente entrare ed uscire dal campo. Ormai, innamorato della bella vedova, Oloferne vorrebbe sempre averla vicina; e un'altra volta la invita a mangiare e a bere nella sua tenda. Mangia e beve troppo, e cade addormentato. Non sa che quello è il suo ultimo sonno: Giuditta infatti gli taglia la

testa, e con essa rientra in Betulla; il giorno dopo, vedendo la testa d'Oloferne sulle mura della città, gli Assiri si ritirano. Non per questo Nabucodonosor rinuncia alla conquista di Israele; e poi si rivolge al regno di Giuda, minacciando Gerusalemme stessa. Vive qui un uomo di Dio, Geremia che, dicono, vede nel futuro. A lui si rivolge il re di Giuda: "Che sarà di noi? – chiede – Ci aiuterà Dio, e caccerà gli Assiri? Saremo liberi? Che sarà di Gerusalemme?"
"No – replica Geremia – vi siete allontanati da Dio, e la Sua ira vi colpirà. Gerusalemme sarà presa, e distrutta insieme con il tempio, e gli Ebrei verranno dispersi e deportati!" Imprigionato, gli è imposto un giogo: malgrado tutto, egli continua ad ammonire gli Ebrei. Il rotolo su cui ha scritto le sue profezie viene dato alle fiamme: come se questo bastasse a stornare da Gerusalemme lo sdegno del Signore!

DANIELE

Ad assediare la città viene infatti, con il suo esercito, lo stesso Nabucodonosor, e la serra in un cerchio di ferro.
Due anni gli Ebrei resistono; affamati, cercano poi di fuggire, praticando una breccia nelle mura: ma sono raggiunti e sterminati. Il loro re, Sedecia, è accecato, e trascinato in catene a Babilonia; Gerusalemme viene presa e data alle fiamme: il tempio, orgoglio del popolo, saccheggiato e distrutto. Gli Ebrei vengono deportati nel lontano regno di Nabucodonosor.
Questi, tuttavia, è abbastanza pietoso: li tiene prigionieri, sì, ma non li perseguita, né li tratta come schiavi. Anzi, ordina che quattro di essi, giovani ed istruiti, frequentino il suo palazzo, ed imparino la lingua e le tradizioni babilonesi. I quattro sono Daniele, Anania, Misel ed Azaria. Di essi, Daniele è certamente il più saggio e il più vicino a Dio. Ora, una notte, Nabucodonosor fa un sogno che lo turba profondamente: al mattino, destandosi, nulla però si ricorda di esso. Chiama dunque tutti i maghi e i sapienti del regno perché lo aiutino a ricordare. Nessuno può far nulla.
Ma Daniele, presentatosi al re, gli dice: "Tu hai sognato, Nabucodonosor, una statua d'oro, d'argento, di bronzo, di ferro e d'argilla, che cadeva in pezzi. Ciò significa

che, dopo la tua morte, il tuo regno sarà smembrato."

Impressionato, il re vuole che Daniele gli resti vicino; ed anzi lo nomina ministro del regno, mentre affida la provincia di Babilonia ad Anania, Misel ed Azaria.

Egli è, tuttavia, sempre pagano; e fa innalzare una grande statua d'oro, ordinando che tutti la adorino: "Chi non la adorerà – ammonisce – verrà gettato in una fornace ardente." Subito, alcuni suoi consiglieri, gelosi della fortuna e del potere dei giovani israeliti, gli dicono: "Re, quei tre Ebrei cui hai affidato l'amministrazione di Babilonia, disprezzano il tuo decreto, e non adorano la tua statua d'oro!"

Sdegnato Nabucodonosor ordina: "Siano condotti qui!" e quando li ha davanti, chiede ad essi:

"Siete disposti ad adorare la statua d'oro?"

Rispondono Misel, Anania ed Azaria:

"Sire, tu non hai nemmeno bisogno che noi ti rispondiamo. Abbiamo e adoriamo un unico Dio. Quanto alla fornace, non la temiamo, perché il nostro Dio ci può salvare da essa."

"Vedremo se ne sarà capace!" esclama il re, e comanda che i giovani siano rinchiusi nella fornace. Ma per quanto alte siano, e per quanto continuamente alimentate, le fiamme lambiscono i tre senza bruciarli; e nelle fiamme essi camminano, sani e salvi, rendendo lode e ringraziando Iddio di Israele.

Nabucodonosor, sconvolto, ordina allora che siano fatti uscire, ed esclama: "Sia benedetto il vostro Dio, e lo siate anche voi, che non Lo avete rinnegato. Siete liberi,e riavrete gli onori che ingiustamente v'ho tolto."

DANIELE NELLA FOSSA

A Nabucodonosor succede il figlio Baltassar, bizzarro e crudele.
Una sera, durante un lungo e ricchissimo banchetto, ecco che egli esaltato dal vino, ordina che siano portati in tavola i vasi e le coppe d'oro e d'argento che suo padre ha preso nel tempio di Gerusalemme: "Io voglio – esclama, rivolto ai commensali – che tutti beviate in questi bicchieri!"
Ma mentre i convitati allegramente bevono, appare proprio di fronte al re, una mano, il cui indice teso traccia tre parole sulla parete: "Manes, Tecel, Fares". Si fa un impressionante silenzio; e Baltassar, turbato, ordina che i maghi gli spieghino il significato di quelle parole misteriose. Ma i maghi nulla possono; e il re, sconvolto e pallidissimo, non riesce a controllare la sua angoscia. Gli dice allora la regina: "Baltassar, come Daniele ha spiegato il sogno di tuo padre, così spiegherà il mistero di queste parole."
"Che venga Daniele!" – balbetta il re. Daniele entra, e nel silenzio della sala, spiega: "Tu hai offeso il Signore, bevendo il vino nei Suoi sacri vasi; ebbene, la Sua mano ha scritto queste parole che sono la tua condanna: Manes, Dio ha contato i giorni del tuo regno, e ha posto fine ad essi; Tecel: sei stato pesato sulla divina bilancia, e trovato scarso; Fares: il tuo regno è stato diviso tra Medi e Persiani."
Baltassar, per quanto turbato, ordina che Daniele venga onorato come terza personalità del suo regno. Ma ciò non lo salva dalla morte: la stessa notte, dopo il festino, egli viene assassinato. Secondo quanto ha detto

Daniele, il suo regno crolla: è infatti di lì a poco conquistato dai Persiani il cui grande re, Ciro, affida Babilonia a un principe di Media, Dario. Dario lascia Daniele al suo posto; ed anzi, convinto della sua saggezza e del suo valore, pensa di farlo ministro di tutto il regno. Per questo, alcuni ministri e funzionari, gelosi, tentano di far cadere Daniele in disgrazia. Dicono essi a Dario: "Emana, signore, una legge secondo la quale, per trenta giorni, nessuno osi chiedere nulla, se non a te; e chi non osserverà questa legge, sia gettato nella fossa dei leoni." Dario acconsente, e la legge è fatta. Ma dopo un po', gli dicono: "Signore, c'è qualcuno che non obbedisce al tuo decreto."

"Chi osa sfidarmi?"

"Daniele. L'abbiamo visto pregare, e chiedere grazie al suo Dio, e non a te. Dunque, deve essere condannato!"

Dario comprende d'essere caduto in un tranello, e vorrebbe evitare a Daniele una morte così atroce; ma la legge è più forte di lui, ed ordina quindi che il colpevole gli sia tratto dinnanzi: "Devo farti gettare nella fossa dei leoni – dice, cupo – che il tuo Dio ti salvi!" Così, Daniele è gettato ai leoni: e Dario, sconvolto, torna alla reggia e non può né prendere cibo né chiudere occhio per tutta notte. Non appena si fa mattino, eccolo correre alla fossa, e gridare: "Daniele, Daniele! Sei vivo?" Si sente rispondere: "Sì. Il mio Dio ha chiuso le bocche dei leoni!"

Dario stupefatto guarda nella fossa: e vede che le belve non hanno fatto alcun male a Daniele, e che gli stanno accucciate vicino come cani. Ordina allora che egli sia subito liberato, e che nella fossa vengano gettati i suoi accusatori, che i leoni, subito sbranano. Così Daniele mantiene i suoi onori.

TOBIA

Diviso, e non più saldo nella sua fede, Israele conosce cupi momenti di dolore. Il suo ultimo re è Osea, che viene attaccato e vinto da Salmanassar, re degli Assiri. Molti Ebrei vengono deportati, e nuovi popoli giungono ad abitare la Terra Promessa. Gran numero di Israeliti è condotto in servitù nella città di Ninive, capitale di Salmanassar. Tra di essi, v'è anche un pio uomo della provincia di Galilea, il cui nome è Tobia. Tobia s'è sempre mantenuto fedele a Dio, ed ha sempre operato con bontà e con carità. Anche a Ninive continua nelle sue buoni azioni, aiutando i poveri, curando i malati, seppellendo i morti.

Ma una dura prova lo attende. Una sera, mentre dorme, da un nido di rondini cade dello sterco, che finisce sopra i suoi occhi, e li spegne. Cieco, Tobia non può più far nulla; ed è Anna, sua moglie, che tessendo guadagna qualcosa per dar da mangiare al povero Tobia, e al giovanissimo Tobiolo, loro figlio. C'è anche qualcuno che, crudelmente, schernisce Tobia, dicendo: "A che t'è servito l'essere pio, e buono, e giusto?"

Ora, Tobia si rammenta che un uomo, di

nome Gabael, gli deve restituire una certa somma; dice allora a Tobiolo:
"Va', figlio mio, e fatti ridare quel denaro, perché ne abbiamo davvero bisogno."
Tobiolo si mette in viaggio; e tosto incontra un giovane, bello e gentile, che s'offre di andare con lui, guidandolo fino alla meta. I due vanno dunque insieme; e giunti al fiume Tigri, entrati che sono in acqua per ristorarsi, ecco un grosso pesce avventarsi minaccioso contro Tobiolo. Questi si

spaventa, ma il compagno dice: "Togli al pesce il cuore, il fegato e il fiele: ti serviranno."
Riprendono il viaggio; e dopo avere ottenuto il denaro da Gabael, i due si rimettono sulla strada del ritorno.

Chiede Tobiolo: "Amico, perché mi hai detto di conservare le interiora e il fiele del pesce che presi nel fiume Tigri?" Il giovane risponde: "Quando saremo a casa tua, strofina con quel fiele gli occhi di tuo padre, e lo saprai."
Giunto a casa, secondo il consiglio dell'amico, Tobiolo strofina con il fiele gli occhi del padre: ed ecco Tobia riacquistare miracolosamente la vista! Dopo aver reso grazie a Dio, si rivolge al compagno di strada del figlio, e gli chiede: "Chi sei tu, che ci hai fatto tanto bene? E come possiamo ringraziarti?"
Sorridendo il giovane risponde: "Io sono l'angelo Raffaele, e Dio mi ha mandato perché, dopo averti fatto subire una dura prova, vuole che tu, o Tobia, possa vivere di nuovo sereno con la tua famiglia!"
Ciò detto, l'angelo scompare.

RICOSTRUZIONE

Toccato da Dio, Ciro grande re dei Persiani, emana questo decreto:
"Il Signore del cielo mi ha dato tutti i regni della Terra, e mi ha comandato di costruirgli una casa in Gerusalemme nella Giudea. Chi fra voi appartiene a questo popolo, vada dunque a Gerusalemme, e costruisca la casa del Signore; chi non vuole andare, aiuti questa opera con oro, argento, e ogni altra cosa possa dare."
Per gli Ebrei deportati in Babilonia, è il momento della liberazione. Moltissimi tornano all'antica patria, portandosi appresso i sacri vasi che Nabucodonosor aveva tolto al tempio saccheggiato, e nei quali il folle Baltassar ha bevuto la stessa notte della sua morte. Ma il regno di Giuda non esiste più, e nella Terra Promessa abitano popoli venuti da varie terre; e Gerusalemme è una città spenta e semidistrutta. Ma tutti i pensieri degli Ebrei sono rivolti alla ricostruzione del tempio, perché divenga la casa di Dio, e il centro spirituale di tutto il loro popolo. Non è facile ricostruire il tempio; qualcuno vorrebbe che fosse esattamente come il vecchio, altri lo vorrebbero invece tutto nuovo. C'è chi si lamenta e chi esulta, vedendolo adagio risorgere, c'è chi piange e chi grida di gioia. Ma è tutto un popolo che lavora. È però un popolo che, come sempre, ha nemici. Gli abitanti delle città e delle terre vicine, e in particolare gli abitanti di Samaria, non vogliono che il tempio risorga, perché ben sanno che, una volta ricostruito, gli Ebrei ricostruiranno anche le mura della città, e ridaranno ad essa ricchezza e potenza. Più d'una volta, intervengono perché i lavori siano abbandonati; e gli Ebrei debbono dunque essere insieme operai e soldati, e lavorare tenendo le armi a portata di mano. La ricostruzione procede lenta e faticosa;

ma gli Israeliti non si lasciano scoraggiare, e si mantengono sulla strada indicata da Dio, perché rammentano le Sue parole, che dicono: "Se sarete infedeli e prepotenti, vi disperderò tra le genti; ma se tornerete a Me e osserverete la Mia legge e adempirete ai Miei comandamenti, quand'anche foste condotti all'estremità del cielo, Io vi raccoglierò di là, e vi condurrò nel luogo scelto da Me, perché vi abiti il Mio nome."
Finalmente, sale al trono un re generoso: Dario che, con una sua legge, intima che più nessuno osi interrompere o disturbare il lavoro della ricostruzione. Gli Ebrei, esultanti, raddoppiano i loro sforzi, e di giorno in giorno il tempio prende forma, fino a quando non è completamente compiuto. È quindi possibile in esso celebrare la Pasqua; e da molte terre giungono a Gerusalemme, a purificarsi, i figli dispersi d'Israele, separati dalle sconfitte e dalla prigionia, e dal crollo dei regni di Israele e di Giuda: ma tutti uniti, ora, nella speranza d'un nuovo regno. Certo, questo tempio non è splendido come quello fatto innalzare dal grande Salomone, e non racchiude tutte le ricchezze di quello; ma finalmente, Israele ha una casa nella quale custodire il suo Dio.
Perché è Dio che ha guidato il popolo ebreo nei secoli; che lo ha liberato, con Mosè, dalla prigionia degli Egizi, conducendolo sano e salvo, attraverso i deserti e il mare; è Dio che, con Giosuè, lo ha guidato alla conquista della Terra Promessa, e che ha dato potenza al regno con Giacobbe, Saul, Salomone; e che continuerà a guidarlo nei secoli che verranno.

LA VITA DI GESÙ
RACCONTATA AI PIÙ PICCOLI

Questa storia vera comincia duemila anni fa nella Palestina, una terra abitata dal popolo ebreo, e dominata dai romani padroni del mondo. Comincia, in una notte stellata, nella città di Betlemme, provincia di Giudea, dove è arrivato, accompagnato dalla moglie Maria, un falegname di nome Giuseppe. Da Roma, infatti, è venuto l'ordine di fare il censimento della Palestina: l'imperatore romano vuole sapere quanti sono gli uomini sui quali comanda. L'ordine dice che tutti devono andare nella città dove sono nati, presentarsi ai funzionari e dare il loro nome. Giuseppe, che vive nella città di Nazaret, nella provincia di Galilea, ma che è nato a Betlemme, si è dunque messo in cammino con la moglie Maria che viaggia seduta sull'asinello poiché aspetta un bambino. Essi arrivano a Betlemme che è ormai notte; vanno a bussare alla porta d'un albergo per chiedere una stanza, ma l'albergatore s'affaccia alla fine-

stra e dice: «Non c'è posto. Tutti gli alberghi sono pieni. Andate via.» Giuseppe e Maria vanno allora a ripararsi in una povera stalla; mentre sono là, Maria mormora: «Ho tanto male, Giuseppe! Credo che il nostro bambino stia per nascere.» Poco dopo, certi pastori che stanno a far la guardia al loro gregge, vedono una gran luce avvicinarsi; e in quella luce c'è un angelo che dice: «Non temete! Reco una notizia che farà la gioia di tutti. Oggi a Betlemme è nato il Salvatore del mondo. Lo riconoscerete perché è avvolto in fasce e giace in una mangiatoia!» I pastori s'affrettano verso Betlemme: e là, nella stalla, e proprio in una mangiatoia, vedono un bimbo in fasce. Accanto a lui, i suoi genitori, e un asino e un bue che con il loro fiato lo riscaldano. E dal cielo, scende una musica meravigliosa.

Qualche giorno dopo, ecco che tre re magi (vale a dire sapienti), venendo dai loro regni in Oriente si presentano a re Erode, che vive a Gerusalemme, e gli dicono: «Sai dirci in quale luogo della Palestina è nato il re dei Giudei? Una stella, infatti, ci ha guidato sin qui, e siamo venuti per adorarlo.» Erode rimane stupefatto e preoccupato: egli è convinto, infatti, d'essere lui il re dei Giudei, cioè degli Ebrei. Raduna subito i sacerdoti e i consiglieri che, dopo aver molto discusso, dicono che, forse, un bambino straordinario è nato nei pressi di Betlemme. Erode chiama i magi: «Chi cercate – dice loro – deve essere dalle parti di Betlemme. Se lo trovate, tornate a dirmi dov'è: anch'io voglio andare ad adorarlo.» Nel suo cuore, però, egli pensa di far morire quel bambino! Intanto i re magi vanno, seguendo la stella, e giungono proprio davanti alla stalla dov'è nato il Bambino. Si

inginocchiano, gli porgono doni, lo adorano. Adorato che hanno il Bambino, al quale Giuseppe e Maria hanno messo il nome di Gesù, i magi si preparano a tornare nei loro lontani reami d'Oriente. Stanno dormendo, la notte prima della partenza, quando in sogno un angelo del Signore appare loro, e dice: «Sulla via del ritorno non passate da Gerusalemme, ma prendete un'altra strada».

Così i tre magi faranno; ma intanto, anche Giuseppe, in sogno, ha visto l'angelo che gli ha detto: «Giuseppe, prendi il Bambino, e Maria, e fuggi in Egitto, e resta là nascosto fino a quando non ti dirò di tornare!» Giuseppe, con la sua famigliola e il suo asinello, subito si mette in viaggio, e attraversando il deserto si rifugia in Egitto. Giusto in tempo! Erode, pieno di rabbia perché i magi non sono tornati da lui, e pieno di paura e gelosia, al pensiero che nei pressi di Betlemme sia nato un Bambino destinato a divenire un giorno re dei Giudei, e forse a cacciarlo dal trono, ha avuto un'idea terribile. Ha ordinato infatti che tutti i bambini maschi, nati a Betlemme da due anni a questa parte, vengano uccisi! I suoi soldati si recano nell'infelice città, e strappano i bambini dalle braccia delle loro madri, e senza pietà a uno a uno li uccidono! Oh, Erode, quanto sangue innocente, e quante lagrime di povere mamme ricadrà su di te!

Ma Gesù è scampato al massacro, che tutti i tempi ricordano come «la strage degli innocenti». Gesù è al sicuro in Egitto, dove cresce assistito da Maria e da Giuseppe. Passa così qualche anno, il piccolo Gesù cresce, lontano

dalla sua casa, come un profugo; ma infine l'angelo riappare a Giuseppe e gli dice: «Giuseppe, non c'è più pericolo: puoi tornare in Palestina».– Così il falegname, con la moglie e il figlio, torna a casa; e va nella città di Nazaret, dove riprende il suo solito lavoro. A Nazaret, dunque, Gesù passa i suoi primi anni d'infanzia, aiutando il babbo nel laboratorio, e la mamma nei lavori di casa.

Passano così dodici anni, e Gesù cresce sano e robusto. Ogni anno, quando era la festa di Pasqua, tutte le famiglie di Nazaret usavano recarsi in pellegrinaggio a Gerusalemme. Giuseppe e Maria decidono di andare, e di portarsi appresso anche il loro figlio che ormai è grandicello. Vanno, dunque, e si recano nel Tempio di Gerusalemme, che è il centro di tutta la Palestina; e là stanno con gli altri per diversi giorni, a pregare e a festeggiare la Pasqua (che non era, come è adesso per noi, il giorno della Resurrezione del Signore, ma semplicemente un periodo di incontri, di cerimonie e di solennità). Decidono poi di tornarsene a Nazaret, e si mettono in carovana avviandosi. Dopo un lungo tratto di strada, Maria si volge a Giuseppe e chiede preoccupata: «Ma dov'è nostro figlio Gesù? Non lo vedo!» Risponde Giuseppe: «Non temere! Sarà a giocare con gli altri ragazzi della carovana!» Maria però non è affatto tranquilla; e comincia a cercare Gesù di gruppo in gruppo: e la sua inquietudine aumenta, perché il bambino non si trova. Allora, stretti dall'angoscia e dalla paura, Giuseppe e Maria decidono di lasciare la carovana, e di tornare a Gerusalemme per cercare il loro figlio. E si dicono: «Oh! Ma come mai un bambino così buono non ci ha seguito? Che sia successa una disgrazia?...» Arrivano a Gerusalemme, e cominciano a cercare, e chiedono a tutti. Ma la risposta è: «No. Non abbiamo visto quel bambino che ci descrivete.» I due poveri genitori continuano a cercare per tutto il giorno; e cercano anche il giorno seguente, passando di quartiere in quartiere, di strada in strada. E cercano anche il giorno dopo, con il cuore sempre più stretto dall'ansia. Ma Gesù non c'è. È come se fosse svanito. Maria e Giuseppe si chiedono: «Che lo abbiano rapito i predoni? Che abbia seguito la carovana e si sia sperduto nel deserto, col rischio di morire di fame e di sete?» Hanno ormai girato tutta Gerusalemme. Solo in un luogo non sono stati: nel tempio. Ma perché andare nel tempio,

dove vi sono soltanto i sacerdoti e i sapienti? Come potrebbe il piccolo Gesù essere là? I due genitori, disperati, decidono ad ogni modo di andare a vedere. Ed ecco, proprio nel tempio trovano il loro figlio Gesù! È là, tra i sacerdoti e i sapienti, parla con loro, li ascolta, li interroga, proprio come se fosse sapiente come loro! Ed essi dicono stupefatti: «Ma chi è mai, questo bambino, così saggio, per quanto così giovane?» Maria sgrida Gesù, e gli dice: «Figlio mio, perché ci hai fatto stare così in ansia?» Gesù risponde: «Non sapete, genitori miei, che io debbo seguire gli ordini di mio Padre?» Maria e Giuseppe smarriti si guardano l'un l'altro senza capire.

Passano gli anni, e Gesù diviene un giovanotto, ecco va sulle rive del fiume Giordano, e si presenta a un uomo chiamato Giovanni Battista (cioè il 'battezzatore'), che va di terra in terra predicando la parola di Dio, e battezzando con l'acqua del fiume. «Battezzami, Giovanni Battista» chiede umilmente Gesù; ma Giovanni Battista, che ha capito subito che Gesù sarà il salvatore del mondo, risponde: «Sono io che ho bisogno d'essere battezzato da te, e non tu da me!» Ribatte Gesù: «Ognuno deve fare il proprio dovere». Così Giovanni Battista entra nel fiume Giordano con Gesù e lo battezza; e mentre gli versa l'acqua sopra il capo, ecco si fa una gran luce nel cielo, e una voce di lassù risuona dicendo: «Questo è il mio figlio prediletto!» Subito dopo esser stato battezzato, Gesù si ritira a meditare nel deserto, e a pregare Dio, suo padre: perché egli è nato da Maria, sì, ma non è figlio di Giuseppe: è figlio di Dio. Allora il diavolo, che l'ha seguito nel deserto e che lo vede affamato e assetato, gli mormora: «Se tu sei figlio di Dio, di' a questa pietra che diventi pane!» Risponde Gesù: «L'uomo non vive solo di pane, ma di ogni parola di Dio». Il diavolo allora, con la sua magia, lo porta su un monte, e accennando alle valli che di lassù si vedono, dice: «Se tu ti inginocchi davanti a me, e mi adori, io ti regalerò tutti i regni della Terra!» Gesù risponde: «Si deve adorare e servire solo Iddio». Il diavolo non s'arrende. In un turbine di vento, porta Gesù sulla torre del tempio di Gerusalemme: «Se tu sei figlio di Dio – dice – buttati giù; vedremo se gli angeli verranno a salvarti!» Risponde Gesù: «Non tentare il Signore Dio tuo!» Il diavolo allora fugge via.

Passano altri anni, e Gesù è ormai un uomo. Ma quale uomo! E quanto diverso dagli altri! Eccolo camminare, un giorno, lungo le sponde del Mare di Galilea (che è, poi, il lago di Tiberiade), dove si trovano, attorno alle loro barche e alle loro reti, alcuni pescatori. Gesù s'avvicina a due di essi, due fratelli di nome Simone ed Andrea, e dice loro: «Venite con me, e io vi farò pescatori di uomini». I due non capiscono, ma tale è la dolcezza e la forza che emana da Gesù, che lasciano subito le reti e le barche e lo seguono. Poco dopo, Gesù incontra due altri fratelli pescatori, Giacomo e Giovanni: dice loro le stesse parole, ed essi subito lo seguono; e con lui vanno anche Filippo, ed altri, perché alla sua voce e al suo sguardo nessuno può resistere.

E con quei suoi primi discepoli, Gesù percorre tutta la Galilea, insegnando e predicando la parola di Dio, curando e guarendo tutte le malattie. Nella Palestina si parla soltanto di lui; e da lui accorrono, per essere guariti, molti malati, paralitici, storpi ed infelici. C'è una

grande festa di nozze nella città di Cana: alla festa è stata invitata Maria, e con lei Gesù e i suoi discepoli. C'è insomma, tanta gente che banchetta allegramente. Ma, a un certo momento, i servitori annunciano che non è rimasto più vino: e il padrone di casa, naturalmente, è molto imbarazzato. Se ne accorge Maria, che sussurra al figlio: «Sai non hanno più vino.» «Che ci importa, mamma? – risponde Gesù – La mia ora non è ancora venuta.» Ma Maria sorride dolcemente, e con lo sguardo chiede a Gesù un miracolo; poi dice ai servi: «Fate quello che vi dirà mio figlio.» Gesù allora accenna a certe anfore vuote, e ordina: «Riempitele d'acqua! – e quando lo hanno obbedito aggiunge: – E ora portatele in tavola.» I servitori nuovamente obbediscono, e pensano: «Ma che facciamo? Serviamo dunque acqua invece di vino?» Ma quando riempiono i primi bicchieri, dalle anfore esce un vino rosso e spumeggiante, e così buono che tutti vanno dal padrone di casa, e gli fanno i complimenti... In realtà, a Cana Gesù ha compiuto il suo primo miracolo.

Gesù torna sulle rive del mare di Galilea e tra i suoi seguaci sceglie dodici apostoli (che vuol dire 'inviati, messaggeri'). Fra loro ci sono: Simone, Giacomo figlio di Alfeo, Simone detto Zelote e Giuda Iscariota. E tanta gente lo segue, che egli per rivolgersi a tutti deve salire su una barca, e predicare stando là: «Tu sei il figlio di Dio!» grida la folla; ma Gesù dice di no, perché il suo momento non è ancora venuto. Il mattino dopo, la spiaggia è deserta; e quando Gesù si sveglia, vede una barca, quella di Simone, il quale per tutta la notte è stato al largo a pescare, senza però prender nulla. Gesù sale sulla barca e dice: «Su, Simone, andiamo. Getta ancora le reti.» Simone sospira: «Maestro, ho faticato

tutta la notte e non ho preso nemmeno un pesce. Se me lo ordini, va bene, getterò ancora le reti...» E così fa, senza nessuna fiducia, ma solo per obbedire a Gesù, e forse un po' sbuffando. Ma quando fa per recuperare le reti... oh, esse sono rigonfie di pesci scintillanti e guizzanti e tanto che Simone deve chiamare altri pescatori, che lo aiutino, perché da solo non ce la fa. E la barca è talmente carica di pesci, che quasi rischia di affondare: nessuno, mai, ha veduto una pesca così abbondante e reti così colme! Quando la barca è giunta finalmente a terra, Simone non sa fare altro che inginocchiarsi di fronte a Gesù; e poiché si ricorda bene d'aver sbuffato, mormora: «Signore, allontanati da me, perché io sono un peccatore!»

Gesù ha detto che il suo momento non è ancora venuto; ma certo è venuto il momento per un povero lebbroso, di cui tutti hanno schifo e paura, e che per questo tengono lontano. Egli dunque, si trascina fino da Gesù, con le sue misere bende imbrattate di sangue e di fango. Gesù, che è diverso dagli altri, non fugge, ma resta fermo ad attenderlo. Dice il lebbroso gettandosi ai suoi piedi: «Signore, se tu vuoi, mi puoi guarire!» Gesù tende la mano, lo tocca: «Lo voglio – esclama – sii guarito!» Ecco, d'un tratto i segni terribili della lebbra scompaiono, scompaiono le piaghe. Il lebbroso guarito grida di gioia, e vorrebbe mostrare a tutti d'essere finalmente mondato dalla sua malattia, ma Gesù gli dice: «No. Non dirlo a nessuno. Soltanto, mostrati al sacerdote; e poi rendi sacrificio a Dio.» Facile a dirsi! Il lebbroso promette, sì: ma non riesce a mantenere la sua promessa: «Guardatemi – va in giro dicendo – sono io, mi riconoscete? Sono guarito! Guardate le mie mani: sono sane. Guardate le mie gambe: non hanno più piaghe!» «Ma chi ti ha guarito?» gli domandano stupefatti. Il lebbroso risponde: «Gesù, è stato Gesù, il figlio di Dio!» e corre felice a mostrarsi ad altra gente. La fama di Gesù, dopo questo fatto, si sparge fino ad ogni angolo della Galilea, della Giudea e di Gerusalemme; e molta gente accorre ogni giorno per vederlo, per sentirlo predicare: e non si tratta soltanto di povera gente, o di ammalati in cerca di guarigione arrivano anche i sapienti e i sacerdoti e i dottori della legge. Gesù passa di terra in terra, di città in città; ma si ferma spesso nella città di Cafarnao, dove è ospite di suoi devoti amici. Ecco, un giorno, che egli seguito dai discepoli e da una gran folla arriva proprio a Cafarnao; entra nella casa di un amico, e davanti ad essa si pigia talmente tanta gente, che non è più possibile né entrare né uscire dalla porta! Ma tra la folla, si f anno avanti quattro uomini che reggono una barella, sulla quale è steso un povero paralitico: «Largo, largo! dicono Lasciateci passare, dobbiamo entrare, andare da Gesù!» Ma la folla non si apre. Che fanno, allora, i

quattro? Salgono sul tetto della casa, ne tolgono delle assi, formando una apertura, dalla quale, con delle funi, calano in casa la barella. Gesù si commuove. Sì: quegli uomini hanno davvero fede in lui! Guarda il povero paralitico, che lo sta fissando con grandi occhi pieni di speranza e gli dice: «Figliolo, i tuoi peccati ti sono perdonati.» Ci sono, nella casa, alcuni sacerdoti che, a queste parole scandalizzati bisbigliano tra di loro: «Avete udito? Costui bestemmia! Solo Dio può perdonare i peccati!». Hanno appena sussurrato, ma Gesù li ha sentiti e volgendosi dice: «Che pensieri covate? Cosa è più facile, secondo voi? Dire: 'Ti sono perdonati i peccati' o: 'Alzati, prendi la tua barella e vattene'? Bene, per mostrarvi che io posso perdonare i peccati, udite ciò che dico a quest'uomo! – e al paralitico dice: – Alzati, prendi la tua barella e vattene!» E il poverino si alza, prende la barella e se ne va, balbettando lodi a Dio! Gesù ha compiuto un altro miracolo.

Ora la folla che segue Gesù diventa sempre più grande. Egli allora sale su una montagna, e di là dice: «Beati i poveri di spirito, perché di loro è il regno dei cieli.

Beati i mansueti, perché essi erediteranno la terra.

Beati coloro che piangono, perché saranno consolati.

Beati gli affamati e gli assetati di giustizia, perché saranno soddisfatti.

Beati i misericordiosi, perché troveranno misericordia.

Beati i puri di cuore, perché vedranno Dio.

Beati i pacifici, perché saranno chiamati figli di Dio.

Beati i perseguitati a cagione della giustizia, perché di essi è il regno dei cieli.

Beati voi, quando vi oltraggeranno e vi perseguiteranno e, mentendo, diranno di voi ogni male, per cagione mia! Rallegratevi ed esultate, perché la vostra ricompensa è grande nel regno dei cieli: allo stesso modo sono stati perseguitati i profeti che vi hanno preceduto. Voi siete il sale della Terra; ma se il sale diventa insipido, come gli si potrà ridare il sapore? Non servendo più a nulla, verrà buttato via e calpestato dalla gente.

Voi siete la luce del mondo. Una città che si trova sulla cima di un monte non può rimanere nascosta; e quando si accende una lucerna, poi non la si nasconde, ma la si mette in modo che faccia luce a tutti quanti sono in casa. Così, la vostra luce deve risplendere davanti a tutti gli uomini; e così le vostre opere buone debbono vedersi, in modo che sia resa gloria al vostro Padre, che è nei cieli!» E nel gran silenzio della montagna e della folla, Gesù continua a parlare.

E dice ancora: «Non dovete credere che io

sia venuto per abolire la Legge, o le parole dei Profeti: non sono venuto per abolirle, ma per completarle. In verità, io vi dico che il Cielo e la Terra passeranno ma non passerà nemmeno una lettera e nemmeno una sola parola della Legge, se prima non sarà stata rispettata... Avete sentito che gli antichi dicevano: 'Occhio per occhio, dente per dente': e io invece vi dico di non opporvi al male: anzi, se uno vi percuote la guancia destra, voi porgerete anche l'altra guancia. E a chi vuole portarvi in tribunale per togliervi la tunica, cedete anche il mantello; e con chi vi obbliga a camminare per un miglio, camminate per due. Date a chi vi chiede, e non voltate le spalle a chi vi domanda un prestito. Avete sentito dire: 'Ama il tuo prossimo e odia il tuo nemico'. Io vi dico invece: amate i vostri nemici, dite bene di chi parla male di voi, beneficate chi vi odia e pregate per chi vi maltratta. Se amate chi vi ama, quale ricompensa ne avrete? Siate perfetti come è perfetto il vostro Padre nei cieli. E quando pregate, pregate così: Padre nostro che sei nei cieli, sia santificato il tuo nome, venga il tuo regno, sia fatta la tua volontà come in cielo, così in terra. Dacci oggi il nostro pane quotidiano, perdonaci i nostri debiti, come noi li perdoniamo ai nostri debitori; non ci indurre in tentazione; ma liberaci dal male. Così sia.»

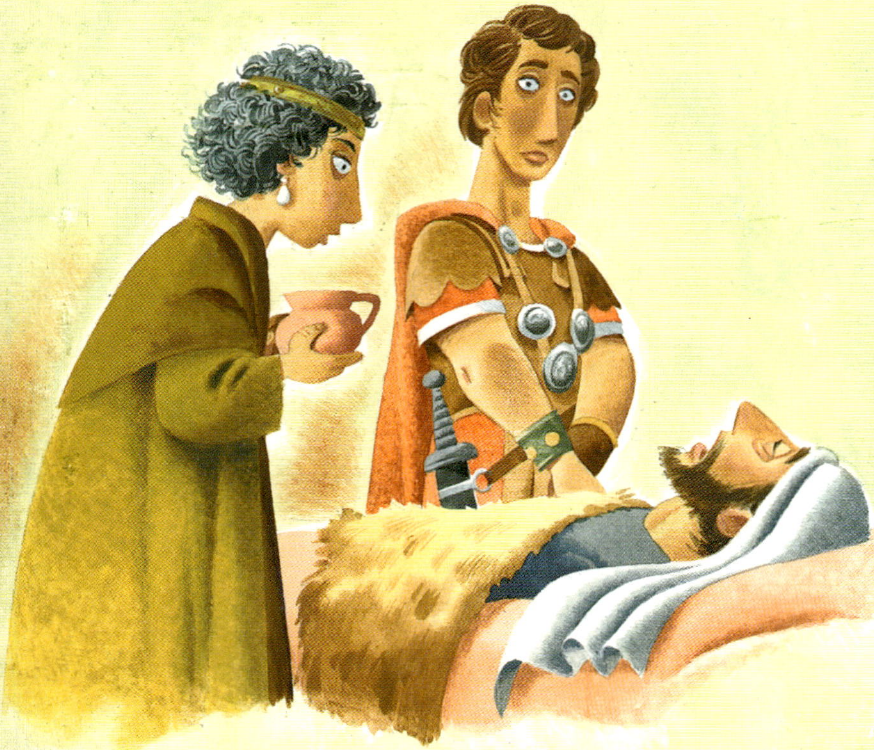

Mentre sta tornando in Cafarnao, Gesù vede venirgli incontro un centurione romano, grande e grosso e con l'aria fiera dei soldati: «Signore – gli dice il centurione – il mio servo prediletto giace paralizzato in casa, e soffre molto.» Risponde Gesù: «Verrò a curarlo.» Gli occhi del fiero soldato brillano di lacrime, ed egli mormora: «Signore, io non sono degno che tu entri nella mia casa ma di' soltanto una parola, e il mio servo sarà guarito. Vedi, Signore – spiega – io ho dei soldati ai miei ordini, e quando dico a uno: 'Vai!' lui va; e se dico a un altro: 'Vieni!' lui viene; e se dico a uno 'Fa' questo!', lui lo fa.» A queste parole, ora è Gesù che si commuove, e volgendosi ai suoi discepoli dice: «In verità, non ho mai trovato tanta fede in tutto Israele! Va' – aggiunge rivolto al centurione – e sia fatto come hai creduto!» Il centurione torna a casa... e il suo servo è là, guarito, che lo attende!

Gesù, qualche giorno dopo, va con i discepoli verso la città di Naim, e lungo la strada trova un uomo, che gli dice: «Signore, vieni in un triste momento! È giorno di lutto, questo, nella nostra città!» Gesù passa oltre; ed ecco, proprio mentre sta entrando in

Naim, vicino alla porta della città, vede una gran folla che segue, o in silenzio o piangendo, una portantina. Su di essa, avvolto nel lenzuolo funebre, c'è il figlio di una povera vedova, un ragazzo morto da poco. Sua madre, rimasta sola al mondo, piange e si dispera. Gesù vedendola, prova una gran compassione, le si avvicina e le dice: «Non piangere!» Intanto, quelli che portano il morto si sono fermati, e tutti guardano in silenzio e pieni di stupore. Gesù si accosta alla portantina, posa su di essa la mano, e dice: «Figliolo, ti dico: alzati!» Ed ecco a queste semplici parole, il ragazzo morto apre gli occhi, respira, e si mette a sedere, e comincia a parlare, dicendo: «Ma io sono vivo! Sono vivo!» Gesù rivolto alla vedova che guarda trattenendo il fiato e con gli occhi sbarrati, mormora: «Madre, ecco tuo figlio. Te lo rendo.» E poi seguito dagli apostoli se ne va. La gente, che al vedere questo miracolo è stata invasa da una grande paura, ora comincia a rendere lode a Dio, si inginocchia a pregare, e dice: «Un gran profeta è sorto tra noi! Dio ha visitato il suo popolo!» La notizia dei miracoli operati da Gesù è arrivata fino a Giovanni Battista, colui che (ricordate?) ha predicato la parola di Dio nel deserto ed ha battezzato Gesù. Ora Giovanni Battista manda due dei suoi discepoli da Gesù, a chiedergli: «Sei proprio tu, colui che deve venire, o dobbiamo attendere qualcun altro?» Gesù risponde: «Andate, tornate da Giovanni Battista, e ditegli ciò che avete visto e udito dire: i ciechi ritrovano la vista, gli storpi camminano, i sordi odono, i lebbrosi sono guariti, i morti

resuscitano, e ai poveri è annunciata la buona novella. Dite anche: beato colui che non si sarà scandalizzato di me!»

Qualche tempo dopo, Gesù sale con i suoi discepoli su una barca, per attraversare il lago. È stanco: siede sul fondo dell'imbarcazione, reclina la testa sul petto e s'addormenta. Per un po' nulla accade, e la barca naviga quieta sulle acque tranquille. D'un tratto, comincia a levarsi il vento, che si fa di minuto in minuto più forte, e il cielo diventa nero, e si alzano onde sempre più minacciose e scroscianti, che ricoprono di spuma la barca che sbanda, sbattuta qua e là, e sembra sul punto di rovesciarsi. Tra le raffiche di vento, i discepoli lottano per mantener dritta la barca; e quando, infine, hanno perso ogni speranza, impauriti svegliano Gesù: «Signore – gridano – Signore, salvaci! Siamo perduti!» Gesù alza gli occhi, e domanda: «Ma di che cosa temete? Ancora non avete fiducia in me?» e levatosi in piedi, tende il braccio e ordina: «Calmati, o vento! Placati, o acqua!» e il vento subito cade e si fa una gran calma sul lago. E i discepoli spaventati balbettano: «Ma chi è dunque costui, al quale obbediscono perfino i venti e l'acqua?...»

Giunti che sono sull'altra riva, Gesù e i suoi si mettono in cammino verso la città di Gerasa. È sera, tutto tace. Ma d'un tratto s'ode un urlo, e un indemoniato (vestito di pelli, che vive tra le tombe, che molti aggredisce e tutti spaventa, tanto che hanno cercato di legarlo con delle catene: ma lui, fortissimo, le ha spezzate ed è fuggito), un indemoniato, dunque, smaniando si getta ai piedi di Gesù. Questi, allora, si rivolge al diavolo, che è entrato nel corpo di quel povero infelice, e ordina: «Esci da quest'uomo, spirito immondo!» Risponde il demonio: «Non mandarci via di qui, Gesù!» «Come ti chiami?» domanda Gesù. «Legione è il mio nome. Siamo in molti. Ma se vuoi mandarci via – continua il demonio – mandaci nel corpo di quei maiali che stanno pascolando laggiù!» «Così sia», dice Gesù. È un attimo: l'uomo, libero dai demoni, si alza calmo, è come rinato; mentre la mandria di maiali, invasata dai diavoli, strillando e grugnendo e galoppando impazzita si precipita nelle acque del lago scomparendo! Dice Gesù all'uomo che ha salvato: «Va' a casa dai tuoi, e narra come il Signore ha fatto, e come ha avuto pietà di te.»

Passa qualche tempo, e Gesù torna a Cafarnao; e sta passando per le strade della città, stretto come sempre da una grande folla, quando gli va incontro Giairo, un importante sacerdote. Inginocchiandosi davanti a Gesù, Giairo dice: «Signore, mia figlia è morente. Vieni a benedirla, e guarirà!» Gesù segue dunque Giairo, e la folla si fa più fitta, e lo stringe e lo urta da ogni lato. Ora, tra quella gente, v'è una povera donna, che da dodici anni è malata di emorragia, e che nessun medico è stato capace di guarire. È lì, pallida fragile, e pensa: «Se soltanto riuscissi a toccare Gesù, sarei guarita!» Spinta dalla fede, allora, e dal desiderio di vivere, si fa avanti, e allunga la mano, e tocca Gesù... ed ecco, sente subito che l'emorragia s'è arrestata. Ma Gesù si è fermato: ha sentito che qualcuno, toccandolo per essere risanato, gli ha portato via un po' della sua forza. Si guarda attorno, e mormora: «Chi mi ha toccato?» I suoi discepoli, meravigliati, rispondono: «Ma come, Maestro?, con tutta la gente che ti urta, e ti spinge, e tende le mani verso di te, tu domandi chi ti ha toccato?» Gesù ripete: «Chi mi ha toccato?» e ancora si guarda attorno. Allora, tremante di paura, quella povera donna s'avanza, gli si getta ai piedi, e mormora: «Sono stata io a toccarti, Signore, perché volevo essere guarita!» Dolcemente Gesù la fa rialzare e le dice: «Sta' di buon animo, figliola: la tua fede ti ha salvato. Va' in pace, e sii guarita!» Non ha ancora finito di parlare, ed ecco che arriva piangente uno dei servi di Giairo, che dice: «È inutile, è inutile! La tua figlia, o Giairo, è morta pochi minuti fa!» Si fa nella folla un grande silenzio; e Giairo pallido e angosciato si volge a Gesù, e non è nemmeno capace di dire una sola parola. Gesù dolcemente gli dice: «Non temere. Solo, abbi fede.» E poi, levando le braccia, ordina che nessuno lo segua, nemmeno Giairo; e seguito solo da qualche discepolo, egli se ne va. Va fino alla casa di Giairo, dalla quale viene un risuonare di pianti, di grida e di lamenti. Entra, e vede i parenti e i servi del sacerdote che si strappano i capelli, disperati, e si lacerano le vesti. Allora dice: «Perché strepitate così? Perché piangete tanto? Andatevene! La fanciulla non è morta, ma dorme.» «Dorme? – grida qualcuno tra le lagrime – Ma che dici? È morta, povera infelice!, è morta!» Gesù allora ordina severamente che tutti se ne vadano; poi entra nella stanza dove giace la ragazza, con Simone, Giacomo e Giovanni, e con la moglie di Giairo, e con il sacerdote stesso, che soffocando il dolore lo ha seguito. Ecco. La fanciulla è composta sul letto, ha il volto pallido, come di cera, e gli occhi chiusi. Come si può dire che essa stia dormendo? Come non si vede subito che è morta? Ma Gesù, calmo, le prende una mano e dice: «Ragazza, te lo ordino: alzati!» Ed ecco, la fanciulla a queste parole subito si scuote, e si alza come destandosi davvero da un sonno profondo, e cammina. Tutti, impietriti dallo stupore, guardano e tacciono. Gesù mormora: «Datele da mangiare. E vi raccomando: non parlate di questo con, nessuno.»

Re Erode, il figlio dello stesso che s'era macchiato del terribile delitto della strage degli innocenti, ha fatto arrestare e gettare in prigione Giovanni Battista, l'uomo che aveva annunciato la venuta del Signore e battezzato Gesù. Infatti, re Erode era innamorato della bella Erodiade, moglie di suo fratello Filippo, e Giovanni Battista per questo lo aveva più di una volta rimproverato. Erodiade (che ci teneva molto ad avere l'amicizia di re Erode) era dunque grande nemica di Giovanni Battista e volentieri lo avrebbe visto morto: così aveva detto ad Erode di farlo mettere in prigione e di ucciderlo. Ma Erode non aveva mai fatto ammazzare Giovanni Battista, perché sapeva che era un uomo ispirato da Dio. Si contentava così di tenerlo chiuso in prigione.

Ma un giorno, ecco che durante un gran banchetto offerto da Erode, la bella Salomé, figlia di Erodiade, comincia a danzare; e danza così bene, che Erode e gli altri commensali si entusiasmano, e l'applaudono a non finire; ed anzi, finita la danza, Erode le dice: «Salomé, chiedimi ciò che vuoi, e io te lo darò, fosse pure la metà del mio regno!» La fanciulla, allora, corre dalla madre e le chiede: «Madre, che cosa chiederò al re?» La perfida Erodiade subito risponde: «Chiedi che ti consegni su di un piatto la testa di Giovanni Battista!»

Salomé, cattiva quanto bella, torna allora da re Erode e gli dice: «O re, io voglio, che tu mi faccia portare, su un piatto, la testa di Giovanni Battista!» Re Erode a queste parole impallidisce, suda e trema di ansia. È un uomo crudele, sì: ma ha paura a far uccidere un profeta come Giovanni, un

uomo ispirato da Dio! Però egli ha fatto una promessa: e l'ha fatta ad alta voce, in modo che tutti l'hanno udito: come potrebbe, adesso tirarsi indietro? La paura di far brutta figura, in lui, è più forte di quella di commettere un delitto. Ed ecco che manda nella prigione un carnefice ad uccidere il profeta. Poco dopo, ahimé!, un servo reca, su di un piatto, la testa di Giovanni Battista, e la presenta a Salomé che, a sua volta, la porta subito ad Erodiade sua madre!

Ma Erode soffre a lungo, per questo suo nuovo delitto! Quando, infatti, gli vengono a dire che nella Palestina c'è un profeta, che predica la parola di Dio e compie miracoli, e che si chiama Gesù, egli tutto tremante risponde: «No, non è Gesù! È certamente Giovanni Battista, che ho fatto uccidere, e che è risorto da morte!» Così il rimorso e la paura sono il suo castigo.

Addolorato per la morte di Giovanni Battista, Gesù si ritira con i suoi discepoli in un angolo solitario, a meditare ed a pregare Dio; ma presto, si scopre il luogo ove egli si trova, e una gran folla, camminando sulle rive del lago, lo raggiunge e chiede che egli parli, insegni, ammaestri. Gesù predica, dunque, e compie miracoli e risana i malati e a tutti dà la pace, perché ha compassione di quella gente. Ma intanto si fa sera, e i suoi discepoli gli dicono: «Maestro è tardi, e il posto dove siamo è deserto. Lascia dunque che la folla vada nei villaggi vicini, dove troverà da mangiare». Gesù sorride e risponde: «Oh, non c'è bisogno che vada via, per mangiare! Sarete voi stessi che darete il cibo a questa gente.» Replicano i discepoli, dopo essersi guardati l'un l'altro: «Signore, noi non abbiamo cibo! Tra tutta

questa folla, c'è soltanto un ragazzo, che ha cinque pani e due pesci. Come potremo, con così poca roba, sfamare tutti quanti?» Dice Gesù: «Portatemi qui quei cinque pani e quei due pesci.» Così viene fatto, e il ragazzo si fa subito avanti. Intanto la gente si siede in attesa: e sono più di cinquemila persone, senza contare le donne e i bambini.

Gesù prende il cesto con i pani ed i pesci; volge gli occhi al cielo, e poi ecco benedice quel cibo. Infine mormora dolcemente agli apostoli, consegnando loro il cesto: «Date dunque da mangiare a questa gente!» Gli apostoli, stupefatti, obbediscono, e cominciano a distribuire il pane ed i pesci... oh, miracolo!, non ce ne sono più soltanto cinque e due! Sembra che quel piccolo paniere non abbia fondo! Gli apostoli danno pane e pesci alla gente, che affamata si stringe attorno a loro, e ce ne è per tutti; tante e tante mani si tendono a prendere, e nessuna mano resta vuota! Tremando e lodando il loro Maestro, i discepoli passano di gruppo in gruppo, a tutti dando da mangiare; e più distribuiscono, più cibo c'è. Tutti mangiano quei pani e quei pesci miracolosi, fino a quando ciascuno è sazio. Allora gli apostoli tornano da Gesù e gli dicono: «Signore, del cibo che ci hai dato ce ne è perfino d'avanzo!» «Raccogliete gli avanzi – ordina allora Gesù – perché nulla vada perduto». I discepoli obbediscono, e con i resti di questo pranzo miracoloso si riempiono addirittura dodici canestri! Grida la gente: «Gesù, tu sei il vero profeta! Tu devi essere re dei Giudei!» Ma Gesù nulla risponde, e tutto solo va a rifugiarsi su di una montagna, dove rimane in preghiera e in meditazione.

Sceso dalla montagna, Gesù dice ai suoi discepoli: «Salite in barca, e andate pure di là dal lago, verso la città di Betsaida. Penserò io a dire a questa folla che se ne vada a casa.» I discepoli obbediscono, e s'allontanano presto sul lago dalle acque tranquille; e Gesù, rivoltosi alla turba, predica loro, nuovamente, la parola di Dio, e poi invita ciascuno a tornare nella propria città. Rimasto solo, ancora una volta egli sale sulla montagna, e si raccoglie in preghiera.

Intanto, il sole è tramontato, e si fa sera, e v'è una luce incerta nel cielo. Con le prime ombre, s'è levato il vento, e con il vento le onde. Gli apostoli, che si trovano in barca, proprio in mezzo al lago, dapprima non si spaventano: alcuni di essi sono dei bravi pescatori e hanno affrontato più di una bufera! Ma più l'oscurità scende, più il vento soffia, e più le onde si alzano; ed ecco, dopo un po' si rende necessario ammainare le vele, perché sono troppo gonfie, e la schiuma delle onde frusta i discepoli, che s'affannano a tener dritta la prora: «Come faremo?» dice uno degli apostoli. Un altro risponde: «Chi lo sa se riusciremo a cavarcela? O annegheremo tutti?» «Ah, se ci fosse il Maestro, con noi! Lui non è pescatore, lui non è marinaio, ma ci salverebbe!» Hanno appena finito di dire queste parole affannate, quando uno di essi esclama spaventato: «Là! Guardate là!» Tutti si volgono: e sulle onde agitate, vedono una figura che si avanza lenta e solenne verso di loro, come camminando sull'acqua: «È un fantasma! È un fantasma!» si grida; e gli apostoli, con gli occhi fissi su quella apparizione, impauriti si stringono l'un l'altro. Passa così qualche minuto di terrore... ma poi, ecco, si ode una voce amica, che risuona più alta del fischio del vento e del fragore delle onde: «Non temete! Coraggio! Sono io!»

«È il Maestro! È il Maestro!» balbettano gli apostoli; e Simone grida allora: «Signore, se sei tu, comandami di venire da te sull'acqua!» Gesù fermandosi gli dice: «Vieni.»

Simone scende dalla barca, ed esitando si avvia lentamente tra le onde; ma tosto,

impaurito dal turbinare del vento, ecco egli comincia a vacillare, e un piede gli s'affonda nell'acqua che fino ad ora l'ha pur sostenuto; e affonda anche l'altro: «Signore! –– urla Simone atterrito – sto sprofondando! Aiutami!» Gesù allora stende una mano, lo afferra, e lo rimette in piedi e gli dice: «Uomo di poca fede, perché hai dubitato?» Senza altro dire, ma tenendosi vicino il tremante Simone, egli poi raggiunge la barca, sempre camminando sull'acqua; e non appena è a bordo, il vento cade di colpo, e le onde si placano e il lago torna tranquillo come era stato prima. I discepoli che erano rimasti sulla barca si inginocchiano e dicono:
«Tu sei veramente il Figlio di Dio!»

Rialzano le vele poi, e attraversano il lago, toccando felicemente l'altra riva. Sbarcano dunque nel territorio di Genesar; e presto nella zona si sparge la voce che Gesù è là. Allora è tutto un accorrere di persone che vogliono ascoltare la sua parola, di infelici che cercano serenità, di malati e di storpi che cercano la guarigione. Essi implorano che Gesù, almeno, permetta loro di toccare l'orlo della sua veste; e tutti coloro che lo toccano, se ne vanno poi sani e guariti.
Gesù da questa regione passa poi nel territorio di Tiro e di Sidone, sempre predicando ed ammaestrando; ed attraversa il territorio di Magedan, ed arriva in una zona chiamata di Cesarea. E qui si ferma per diversi giorni.

Qualche tempo dopo, Gesù, accompagnato soltanto da Simone, da Giacomo e dal fratello di questi, Giovanni, sale a pregare su una montagna aspra e solitaria. E mentre sta pregando, qualcosa di misterioso e di meraviglioso appare: egli si trasfigura, il suo viso cioè diviene risplendente come il sole, e le sue vesti, impolverate, diventano candide come la neve, così bianche come mai nessun tessitore umano potrebbe tesserle. Ed ecco, appaiono accanto a lui i due grandi profeti Elia e Mosè, e con lui si mettono a parlare. Simone, facendosi forza, s'avanza e dice: «Signore, come è bello potercene restare qui! Se vuoi, Signore, Giovanni, Giacomo ed io mettiamo in piedi tre tende: una per te, una per Elia, ed una per Mosè...»

Ma Simone non ha ancora finito di parlare, che dal cielo scende una nuvola luminosa, che avvolge Gesù ed i profeti: e dalla nube viene una gran voce tonante: «Questo è il mio Figlio diletto, nel quale mi sono compiaciuto! Ascoltatelo!» A tale voce, alta come un tuono, i tre discepoli cadono a terra, ed abbassano la testa, tremanti di paura. Ma ecco, Gesù si avvicina a loro, e facendoli rialzare, dice: «Alzatevi. E non abbiate paura!» I tre apostoli obbediscono: e s'avvedono che Gesù è solo, e non è più candido e luminoso come poco prima; e che Elia e Mosè sono scomparsi. Avviandosi per tornare a valle, Gesù dice loro: «Non parlate di quanto avete visto, fino a quando il Figlio dell'uomo non sarà resuscitato da morte!»

E i discepoli sanno che Gesù, dicendo «il Figlio dell'uomo», parla di se stesso. Essi però non riescono a capire che cosa abbia voluto dire Gesù, dicendo: «quando sarò resuscitato da morte». Per un po', dunque, camminano senza parlare; ma poi uno di loro domanda: «Maestro, i dottori della legge, coloro che sanno bene le sacre scritture, dicono che prima deve venire Elia. Che cosa significa questo?» Risponde

Gesù: «Elia deve venire, infatti, per mettere ordine in ogni cosa. Ma io vi dico che Elia è già venuto, ma che gli uomini non lo hanno ricevuto, e l'hanno ben duramente trattato! Così faranno con il Figlio dell'uomo.» Stavolta i discepoli capiscono: Gesù non ha parlato di Elia, ma di Giovanni detto il Battista, che è venuto per annunciare l'arrivo del Messia, e che è stato imprigionato ed ucciso. E capiscono, anche, con grande tristezza, che Gesù prevede di finire proprio come è finito Giovanni Battista: imprigionato, cioè, ed ucciso.

Scesi che sono dalla montagna, Gesù e gli apostoli si riuniscono agli altri discepoli, che sono attorniati da una gran folla. «Di che parlate?» chiede Gesù. Gli dicono: «Maestro, ci hanno portato un fanciullo indemoniato, perché lo salvassimo: ma non siamo stati capaci di farlo.» «Portatemi qui quel fanciullo» dice Gesù. Così viene fatto. Gesù chiede al padre dell'infelice: «Credi tu?» «Credo, Signore!» «Tutto è possibile a chi crede!» E Gesù scaccia il demonio, e salva il fanciullo. Si è ammalato, intanto, un amico di Gesù, un certo Lazzaro, che vive con le sue sorelle Maria e Marta nella città di Betania. La malattia è gravissima, e le due sorelle mandano dunque a dire a Gesù: «Signore, colui che tu ami è ammalato.» Gesù risponde: «La sua malattia non è mortale, ma essa è venuta per la gloria di Dio; e a causa di essa il Figlio di Dio sarà glorificato!» ed anziché accorrere a Betania, rimane ancora per un paio di giorni con i suoi discepoli lungo il fiume Giordano. Ma dice d'un tratto: «Andiamo a Betania. Il nostro amico Lazzaro dorme, e io vado a svegliarlo.» Osservano i discepoli: «Maestro, se dorme, guarirà.» Gesù dice allora: «Lazzaro è morto, ed io sono contento per voi di non essere stato là, mentre moriva: così, crederete. Andiamo.» E s'avvia, dunque, e giunge a Betania, e trova che Lazzaro da quattro giorni è già nella tomba. Ad incontrare Gesù, ecco venire, tutta piangente, Marta, che mormora: «Ah, Signore, se tu fossi stato qui, mio fratello non sarebbe morto!» Gesù commosso risponde: «Tuo fratello risorgerà.» «Lo so, Signore; risorgerà con tutti gli altri, all'ultimo giorno del Mondo» replica Marta. Dice allora Gesù: «Io sono la resurrezione e la vita chi crede in me, anche se fosse morto, vivrà. Andiamo al sepolcro.» S'avvia, e tutti lo seguono; e giunti che sono là, egli si ferma davanti alla grossa pietra posta davanti al sepolcro, ed ordina: «Togliete la pietra!» «Ma Signore

balbetta Marta – Lazzaro puzzerà, perché è morto già da quattro giorni!» «Se credi, vedrai la gloria di Dio» replica Gesù. La pietra viene tolta; ed egli, dopo aver pregato, grida:

«Lazzaro, vieni fuori!» ed ecco, nel gran silenzio, Lazzaro esce dal sepolcro, coperto ancora dal sudario! Gesù dice: «Toglietegli il sudario, e lasciatelo andare!»

Compiuto questo miracolo, in seguito al quale molti altri cominciano a credere in lui, Gesù va con i suoi discepoli nel territorio di Cesarea. E un giorno chiede ai suoi fedeli compagni: «Che cosa dice la gente di me?»

«La gente, Maestro – gli rispondono – crede che tu sia Giovanni Battista. Altri dicono che tu sia Elia, o un altro profeta.»

«E voi – domanda ancora Gesù – chi credete che io sia?»

«Tu sei il Cristo» rispondono i discepoli (e con questa parola, Cristo, si indica in Palestina un uomo che è stato unto con olio sacro, e con l'unzione consacrato a Dio); «Tu sei il Figlio di Dio», dice Simone. Gesù allora esclama: «Beato te, Simone, figlio di Giona, perché Dio ti ha ispirato. E d'ora in avanti, ti chiamerai Pietro, e su questa pietra io costruirò la mia Chiesa, e contro di essa non vinceranno le forze del demonio. E io, ti darò, Pietro – aggiunge Gesù – le chiavi del regno dei cieli: e tutto quanto legherai sulla Terra sarà legato anche in Cielo; e quanto scioglierai sulla Terra sarà sciolto anche in Cielo!» E invita i discepoli a non dire a nessuno che egli è il Cristo, figlio di Dio.

Ecco che, più tardi, gli portano davanti alcuni ragazzi, perché egli li benedica; ma essi, come tutti i ragazzi, tutti i bambini, corrono, ridono, giocano, gridano, insomma non stanno in fila e in ordine. Gli apostoli li inseguono, li afferrano, sgridandoli cercano di farli stare insieme, ma non ci riescono, perché i ragazzi fanno come la gara a chi arriva per primo davanti a Gesù. E questi, visto che gli apostoli perdono la pazienza, esclama: «No, no! Lasciate che quei ragazzi vengano a me, non impediteglielo! Perché il regno dei Cieli è loro! Anzi – aggiunge, mentre in silenzio, e attenti, i fanciulli gli vanno vicino – anzi vi dico che colui che non è innocente come questi bam-

bini, non entrerà nel regno dei Cieli!» e dette queste parole, Gesù ad uno ad uno abbraccia quei ragazzi, e li benedice.

Talvolta, quando predica, Gesù narra delle parabole, cioè delle piccole storie, perché tutti, anche la gente semplice lo possano comprendere. E un giorno dice «Un uomo piuttosto ricco aveva due figli; e il più giovane a un certo momento gli dice: 'Padre, dammi la parte di ricchezza che mi spetta, ché me ne voglio andare'. Il padre, allora, divide in due le sostanze; e il giovane, con i soldi, se ne va in un paese lontano, e si dà alla bella vita: l'altro figlio, invece, resta a casa a lavorare. Ora, quando il giovane, a furia di spendere, è rimasto senza soldi, è costretto per mangiare ad andare a pascolare dei maiali, e ha tanta fame che mangerebbe perfino il mangime dei maiali stessi! Pensa allora: 'I servi di mio padre stanno meglio di me. Che fare? Ecco: tornerò da mio padre, e gli dirò: Padre, sono pentito, ho peccato contro il Cielo e contro te; non trattarmi più come figlio, ma come servo: ma ti prego, tienimi con te!' Così egli fa: torna a casa, e piangendo dice queste parole a suo padre. Anziché sgridarlo, il padre lo abbraccia, e ordina che si prepari una gran festa. Intanto che s'appresta il banchetto, l'altro figlio torna dai campi; e vedendo ciò che avviene, esclama: 'Ma come? Io padre, ti ho sempre obbedito, e tu non mi hai dato nulla! Torna invece mio fratello, che t'ha fatto disperare, ha speso tutto il suo denaro, e tu fai tanta festa?' Risponde il padre 'Figlio, tu stai sempre con me, tutto ciò che è mio è tuo ma mi sembra giusto festeggiare il ritorno di tuo fratello: perché è come se egli fosse morto, ed ora fosse ritornato a vivere! Era perduto, e si è ritrovato: facciamo festa, dunque!'»

Ad ascoltare la predicazione e le parabole di Gesù, vengono tutti: pescatori, contadini, artigiani, pastori, uomini, donne, ragazzi, gente sfaccendata e gente che lavora; ed anche sacerdoti e dottori della legge. Costoro dicono: «Ma guardate un po'! Costui accoglie tutti, mangia con tutti, è amico perfino dei peccatori!» Udite queste parole, Gesù dice allora: «Chi di voi, avendo cento pecore, e perdendone una, non lascia le altre novantanove per andare in cerca di quella smarrita? E chi di voi non la cercherà fino a quando non l'avrà trovata; e quando l'avrà trovata, chi di voi non se la metterà sulle spalle, e tornerà a casa, dicendo agli amici: 'Rallegratevi con me, amici miei, perché ho ritrovato la pecorella smarrita!' Chi di voi, dunque, non farebbe così? Ebbene, io vi dico che in Cielo si fa più festa per un peccatore pentito, che per novantanove giusti, che non hanno bisogno di nessuna penitenza!» E aggiunge: «Ecco: se una donna ha dieci monete, e ne perde una, non è forse vero che si mette a cercarla su e giù per tutta la casa? E quando l'ha trovata, non è forse vero che dice alle amiche: 'Che bellezza, ho trovato la moneta che avevo perduto!' Non è forse vero che dirà così? Ebbene, vi ripeto, allo stesso modo, davanti agli angeli di Dio, si fa più festa per un solo peccatore che per altri nove uomini giusti!» Questa parabola è come quella del figlio, che si fa dare la sua parte di sostanza e che se ne va, per poi tornare pentito; e vuol dire che chi cammina sulla retta strada è fortunato, e fa la gioia di suo padre e di sua madre, e quindi di Dio; ma che la gioia è ancora più grande, quando torna da suo padre, da sua madre, e quindi da Dio, un uomo che s'è perduto, che è andato per il mondo, e che ha rischiato di non tornare mai più alla sua casa.

E Gesù narra quest'altra parabola: «Un uomo, al mattino presto, va a cercare della gente che vada a far vendemmia nelle sue vigne; va in piazza, dunque, vede degli sfaccendati, e dice loro: 'Andate a lavorare nelle mie vigne: vi darò la giusta paga'. Quelli accettano e si mettono al lavoro. Passa qualche ora, e l'uomo torna di nuovo in piazza, e dice a degli altri sfaccendati: 'Andate anche voi nelle mie vigne: vi darò la giusta paga'. Passano altre ore, e nuovamente quell'uomo va in piazza, e avvicinatosi a un gruppo di sfaccendati, dice: 'Perché ve ne state qui senza far nulla?' 'Perché rispondono quelli – nessuno ci dà da lavorare!' 'Ebbene – replica l'uomo – andate nelle mie vigne, e vi darò la giusta paga'. Quelli vanno. Così le ore passano, e si fa sera, e tutte le ceste, colme d'uva, vengono portate davanti all'uomo, che comincia a pagare coloro che hanno lavorato. Egli a tutti dà la medesima somma. Quelli che per primi sono andati nella vigna a vendemmiare, dicono: 'Ma come? Noi abbiamo lavorato fin dal mattino, e tu ci paghi come questi altri, che han cominciato più tardi? Ti sembra giusto?' L'uomo risponde: 'Amici, non eravamo d'accordo così? Non vi do forse la giusta paga? Prendete i vostri soldi e andatevene: o forse vi arrabbiate perché io sono buono? Forse io non posso fare quello che voglio?» Gesù così conclude la sua parabola: «Ricordatevi che gli ultimi saranno i primi, e i primi saranno gli ultimi: perché molti sono i chiamati, ma pochi gli eletti. E così sarà nel regno dei Cieli.»

Ecco allora farsi avanti un dottore della legge, e domandare: «Maestro, che debbo fare, per avere la vita eterna?» Gesù risponde: «Devi amare Dio con tutta la tua anima. E devi amare il tuo prossimo come te stesso.» L'altro domanda ancora: «Ma chi è il mio prossimo?» Gesù risponde con una parabola e dice: «Un uomo andava sulla strada che da Gerusalemme porta a Gerico. Incontrò dei ladroni, che lo ferirono, lo derubarono, e lo lasciarono là mezzo morto. Dopo un po', ecco passare per la strada un sacerdote: vede l'uomo ferito, ma finge di nulla e se ne va. Passa poi un levita, cioè un uomo che lavora nel tempio e quindi dovrebbe aver compassione dei miseri: ma anche lui finge di nulla e se ne va. Finalmente, passa un samaritano, un uomo cioè d'una razza diversa, e anzi nemica di quella cui appartiene l'uomo ferito e rapinato. Bene, il samaritano vede, si ferma, si china sul poveretto, lo aiuta, medica come può le sue ferite, lo carica sul suo asino, e lo conduce fino all'albergo più vicino, dove lo fa ricoverare. E dovendo riprendere la strada, perché ha affari urgenti da sbrigare e non può fermarsi, dà all'albergatore dei denari, e gli raccomanda di aver cura del ferito: 'Se spenderai di più – gli dice anzi – ti pagherò quando tornerò di qui'. Ebbene – dice infine Gesù al dottore della legge – secondo te, chi è stato prossimo del ferito: il sacerdote, il levita, o il samaritano?» L'altro risponde: «È stato il samaritano, che si è mostrato pietoso con lui.» Conclude Gesù: «Ecco. Va' e fa' anche tu come lui.»

Gesù sta per entrare nella città di Gerico; molta gente vuole vederlo; e per meglio vederlo, un certo Zaccheo (che è antipatico a tutti, perché fa il brutto mestiere di esattore delle imposte) s'è arrampicato su una pianta. Gesù lo vede, e gli dice: «Scendi di lì, Zaccheo: perché oggi voglio fermarmi in casa tua!» Zaccheo felice scende dalla pianta, e accoglie Gesù nella sua casa. Ma la gente, mormora: «Guardate! Gesù entra nella casa di una canaglia come quella!» Zaccheo, che sa di essere odiato, e che sente quelle voci, dice allora: «Maestro, ecco, metà dei miei soldi io li dono ai poveri; e se ho truffato qualcuno, ecco, io gli restituisco quattro volte quello che gli ho

tolto!» Dolcemente Gesù risponde: «Oh, Zaccheo, quest'oggi si è avuta la salvezza della tua casa!»

Gesù ormai si sta avvicinando a Gerusalemme, la capitale di Israele; e giungendo nella città di Betania, dice: «Andate troverete un asinello legato: scioglietelo e portatemelo. Se qualcuno vi chiederà 'Che fate?', rispondete che lo fate in nome mio, e non v'accadrà nulla.» I discepoli obbediscono: trovano davvero un asinello, e mentre stanno sciogliendolo il padrone esce di casa e dice: «Ehi, che fate?» «Lo facciamo in nome di Gesù» rispondono i discepoli: il padrone, allora, li lascia fare. Gli apostoli portano l'asinello a Gesù, che su di esso entra poco dopo a Gerusalemme, accolto da una gran folla; molti per fargli onore stendono sulla strada i loro mantelli, in modo che egli non si impolveri; ed altri tagliano dagli alberi dei rami frondosi, e li dispongono a terra, e tutti gridano: «Benedetto colui che viene nel nome del Signore! Pace in terra e gloria lassù nel Cielo!» I sacerdoti del Tempio e i dottori della legge sono molto scontenti di queste accoglienze; e mormorano: «Tutti vanno ad accoglierlo! Noi non riusciamo a far nulla contro di lui!»

Giunto in Gerusalemme, Gesù si reca a visitare il Tempio, che è come il cuore di Israele: e vede là dei mercanti e dei trafficanti, che vendono e comprano e badano ai loro affari. Indignato allora si scaglia contro di loro, rovesciando i loro banchi, e disperdendoli e cacciandoli via: «Sta scritto -- grida – la casa di Dio è casa di preghiera, e voi ne avete f atto una spelonca di ladri!» In gran confusione mercanti, venditori e cambiavalute fuggono e nel Tempio rimangono soltanto coloro che vi si sono recati per pregare. Costoro sono ben soddisfatti di ciò che Gesù coraggiosamente ha fatto; ma al contrario, invidiosi sono i dottori della legge, i sacerdoti, che dicono tra di loro: «Bisogna togliere di mezzo Gesù, perché la gente lo ammira. Egli è un pericolo, per noi.»

Lasciata Gerusalemme per un po', e tornato a Betania, Gesù si reca nella casa di Simone il lebbroso; e mentre è là, che parla con i suoi discepoli, ecco gli si avvicina a capo chino, Maria Maddalena, sorella di quel Lazzaro che egli ha risuscitato da morte. Umilmente, a rendergli omaggio, Maria Maddalena prende da un vaso d'alabastro dell'unguento prezioso, e con esso unge i piedi di Gesù; e poi glieli asciuga con i suoi stessi capelli: e il profumo dell'unguento si sparge in tutta la stanza. Dice allora uno dei discepoli, Giuda Iscariota:
«Maestro, questo unguento è di gran valore: perché permetti tu tanto sciupio? Non sarebbe stato meglio vendere l'unguento e dare il ricavato ai poveri?» Ed anche gli altri discepoli guardano di malumore Maria Maddalena. Ma Gesù risponde:«Lasciatela stare, perché darle pena? Questa donna, Maria Maddalena, mi ha usato una buona azione. I poveri li avrete sempre con voi, e potrete quindi far loro del bene tutte le volte che vorrete: ma non avrete, invece, sempre me con voi. Maria Maddalena ha fatto solo ciò che poteva fare: è come se ella avesse unto in anticipo il mio corpo per la sepoltura. In verità, vi dico, che dovunque sarà predicato questo mio Vangelo in tutto il mondo universo, si parlerà anche di ciò che Maria Maddalena ha fatto.» A quei tempi, infatti, prima di deporre un morto nel sepolcro, si usava cospargerlo di unguento profumato; sentendo Gesù dire che Maria Maddalena ha unto in anticipo il suo corpo per la sepoltura, tutti i discepoli turbati tacciono, chiedendosi: «Perché il Maestro ha detto queste parole?» In verità, Gesù sa bene che i sacerdoti di Gerusalemme, che lo odiano, stanno complottando tra di loro, per impadronirsi di lui a tradimento e per ucciderlo; e l'avrebbero già fatto, se non fosse che quelli sono giorni di festa: «Non catturiamo Gesù in questi giorni di festa, perché c'è troppa gente a Gerusalemme – si sono detti l'un l'altro – e questo potrebbe causare dei tumulti, che non piacerebbero certo ai Romani, che tengono i loro soldati in città.»

Gesù si rimette in viaggio per Gerusalemme; e uno dei suoi dodici discepoli, Giuda Iscariota, di nascosto va dai sacerdoti e dice loro: «Che mi dareste, se vi consegnassi Gesù?» Rispondono essi: «Trenta denari d'argento». Il terribile patto, così, è stretto: e da questo momento Giuda Iscariota cerca l'occasione per tradire il suo Maestro.

E intanto s'avvicinano le feste di Pasqua, e Gesù, che sa tutto, sa bene che s'avvicina anche l'ora in cui egli dovrà lasciare il mondo. È triste, perché ama la vita, come tutti gli uomini: ma sa anche di essere sceso sulla Terra proprio per morire e sacrificarsi per tutti gli uomini. Alla sera, dunque, del giorno in cui si sacrifica l'agnello di Pasqua, Gesù siede con i dodici discepoli, per una cena che sarà l'ultima. Egli versa l'acqua in un catino, e comincia con essa a lavare i piedi degli apostoli, e ad asciugarli con una salvietta che s'è legato alla cintola. Quando viene il turno di Pietro, questi ritraendosi esclama: «Tu, Signore, lavare i piedi a me!» E Gesù a lui: «Ciò che io faccio, Pietro, ora non lo comprendi, ma un giorno lo capirai.» Pietro replica: «Signore, tu non mi laverai mai i piedi!» «Se non te li lavo, Pietro, non dividerai mai più nulla con me.» Pietro dice allora, commosso: «Oh, Signore, lavami non soltanto i piedi, se è così, ma anche la testa!» Mormora Gesù: «Chi è puro, ha bisogno che solo i piedi gli vengano lavati. E voi siete puri: ma non tutti.» Egli infatti sa che uno dei dodici sta per tradirlo. E ripete tristemente: «Non tutti siete puri». C'è un grande silenzio. Ecco dunque che Gesù siede a tavola con i suoi discepoli, e durante il pasto dice: «In verità, vi dico che uno di voi mi tradirà.»

Sgomenti e tristi, uno dopo l'altro gli apostoli domandano: «Signore, sarò forse io a tradirti?» E quando Giuda Iscariota a sua volta domanda: «Signore, sarò forse io a tradirti?» Gesù lo guarda e gli risponde: «Tu lo hai detto.» Continuano a mangiare, ma non hanno più fame e sono sempre più tristi. E a un tratto, Gesù prende un pane, lo spezza, lo distribuisce ai discepoli e mormora: «Prendete, e mangiatene tutti: perché questo è il mio corpo». E dopo che hanno mangiato, egli prende un calice colmo di vino e aggiunge: «Prendete, e bevetene tutti: perché questo è il mio sangue, segno della nuova alleanza tra Dio e gli uomini, e che sarà sparso per voi e per molti in remissione dei peccati. Tutte le volte che farete questo, fatelo in memoria di me». In questo modo Gesù istituisce quella che noi chiamiamo Eucarestia. Poco

dopo, Giuda Iscariota con una scusa esce e se ne va: va ad avvertire i sacerdoti che il momento di catturare Gesù s'avvicina. Gesù e gli altri si apprestano allora ad andare a pregare; ed egli dice: «Tutti vi turberete, questa notte. Ma sta scritto: io percuoterò il pastore e le pecorelle si sbanderanno». Vuol dire che egli, che è il pastore, sarà preso e che gli apostoli, che sono le pecorelle, saranno dispersi. Aggiunge: «Ma quando sarò resuscitato, vi precederò in Galilea». Pietro risponde: «Signore, io non mi turberò; e quando anche tutti si meravigliassero di ciò che fai, io non mi meraviglierò». Replica dolcemente Gesù: «Oh, Pietro, in verità io dico a te: questa notte, prima che il gallo canti, tu mi avrai rinnegato tre volte!» Scuotendo forte la testa, Pietro esclama: «No, Signore! Non ti rinnegherò, dovessi pur morire insieme con te!» E tutti gli altri discepoli dicono: «No, Signore, non ci disperderemo, non ci turberemo, non ci lasceremo spaventare! E nessun di noi, mai, ti rinnegherà!» Dice Gesù: «Credete in Dio, e credete in me. Nella casa del Padre mio vi sono molte cose da fare, e io andrò a prepararvi un posto; e quando l'avrò preparato, tornerò a prendervi. Voi sapete dove vado, voi conoscete la via». Il discepolo Tommaso chiede: «Signore, non sappiamo dove andrai: come possiamo conoscere la. via?» E Gesù a lui: «Io sono la via, la verità e la vita.»

Gesù va con i suoi discepoli su una collina chiamata Getsemani, e presi con sé Pietro, Giacomo e Giovanni, si apparta tra gli ulivi per pregare. Ed ecco che scende su di lui una profonda tristezza, ed egli dice: «L'anima mia è triste sino alla morte. Restate qui, e vegliate con me» e poi, andato in disparte, comincia a pregare mormorando: «Padre, allontana da me questo calice. Ma sia fatta la tua, e non la mia volontà!» Torna poi dai discepoli, e trova che essi dormono; e dice a Pietro, che tutto confuso si sveglia: «Pietro, dormi? Non hai saputo vegliare un'ora sola? Vegliate e pregate, per non cadere in tentazione, perché lo spirito è forte, ma la carne è debole.» Torna da solo a pregare; e altre due volte raggiunge i tre, e sempre li trova che dormono, oppressi come sono dalla malinconia e dalla stanchezza. La terza volta dice: «Orsù, andiamo! È venuto infine il momento in cui il Figlio dell'uomo sarà consegnato ai peccatori. Alzatevi, andiamo. Colui che mi tradisce è vicino!»

Si comincia a sentire intanto, nella notte, un cupo mormorio, e rumore di folla che s'avvicina; e poi si vede una turba di gente, con fiac-

cole e spade e lance, che sale il colle del Getsemani: e viene per catturare Gesù. Tra quella gente, c'è il traditore, Giuda Iscariota, che ha detto: «Attenti! Dovrete prendere l'uomo che io bacerò!» Eccolo, infatti, che s'avanza tra la. folla, e s'avvicina a Gesù, che s'è fermato in attesa con gli apostoli: «Ti saluto, maestro!» dice, e gli dà un bacio. «Giuda, è con un bacio che mi tradisci?» ma la turba si fa avanti, perché quel bacio è stato il segnale. Gesù chiede: «Chi cercate?» Rispondono: «Gesù di Nazaret!» «Sono io»: a queste parole dette da Gesù, tutti indietreggiano e cadono a terra; ed egli chiede ancora: «Chi cercate, dunque?» «Gesù di Nazaret!» «Vi ho detto che sono io – replica Gesù, e accennando agli apostoli, anch'essi circondati dalla gente, aggiunge: – Se volete me, lasciate che costoro se ne vadano!» Allora Pietro, che ha una spada, la sfodera e con un colpo mozza l'orecchio d'un servo di un sacerdote, mostrando così d'essere pronto a battersi per proteggere il suo maestro; ma Gesù gli dice severamente: «Basta così! Rimetti a posto la spada, Pietro! Perché chi di spada ferisce, di spada. morirà! – e volto alla turba: – Eh – aggiunge – siete venuti con spade e bastoni per catturarmi, come se fossi un ladrone! Perché non mi avete preso nel Tempio, quando ero là seduto tra voi? Ma deve essere così – conclude – perché il mio destino si deve compiere!» La gente vociando si stringe attorno a lui, lo afferra e lo porta via; e i discepoli, soli e smarriti e spaventati fuggono.

Così Gesù viene trascinato davanti al tribunale dei sacerdoti, che cercano qualche scusa per poterlo condannare a morte. Si fanno avanti due falsi testimoni che mentendo dicono: «Quest'uomo ha detto: 'Io sono capace di distruggere il Tempio di Gerusalemme e di ricostruirlo in tre giorni!» Il capo dei sacerdoti, che si chiama Caifa, si alza in piedi, ed esclama: «Ah, che bestemmia terribile! Avanti, Gesù, che cosa rispondi?» Gesù tace. Caifa allora riprende: «Dimmi: sei tu il Cristo, figlio di Dio?» Risponde Gesù: «Tu lo hai detto. Anzi aggiungo che tra poco vedrete il Figlio dell'uomo, seduto alla destra di Dio Onnipotente, venire avanti sulle nubi del cielo!» A tali parole, Caifa si straccia le vesti, mostrando in tal modo di essere scandalizzato, e grida: «Ha bestemmiato! Tutti voi avete udito! Ha bestemmiato! Che bisogno abbiamo noi di testimoni? Tutti voi avete udito le sue bestemmie! Che ve ne pare?» «È colpevole, è colpevole – gridano tutti i presenti, in gran confusione – merita di essere ucciso!» «Sì, sì, merita la morte!» «A morte! A morte!» I più scalmanati si stringono allora attorno a Gesù, che ha le mani legate, e lo urtano, lo spingono brutalmente, e lo insultano e qualcuno, più cattivo,

comincia a schiaffeggiarlo, dicendo: «Avanti, Cristo, tu che sai tutto: indovina chi ti ha percosso!...»
Mentre Gesù viene così schiaffeggiato e insultato, Pietro (che s'è fatto coraggio, è tornato indietro ed ha seguito da lontano la folla che trascinava via il suo Maestro) è entrato nel cortile del palazzo del tribunale, e s'è messo tra la gente, accanto a un fuoco, rimanendo lì in silenzio, in attesa di qualche notizia. D'un tratto, una donna lo guarda e dice: «Ehi, ma questo è uno dei discepoli di Gesù!» Tutti allora alzano minacciosi gli occhi su Pietro che, con un forzato sorriso, risponde: «Io? No, donna, non so nemmeno di chi parli!» e facendo finta di nulla, esce dal cortile. Mentre si sta allontanando, un'altra donna accennando a lui, grida: «Tu! Tu eri con Gesù!» «Io? No! – replica spaventato Pietro – ti giuro di no!» Ma la gente ha udito, e gli si fa attorno, alzando le

fiaccole per illuminargli il volto; e qualcun altro dice: «Sì, sì! È uno dei discepoli di Gesù!» «È vero! L'ho visto anch'io!» «Confessa! Sei un discepolo di Gesù?» Pietro allora risponde gridando: «Oh, per tutti i diavoli! Volete finirla o no? Io discepolo di Gesù? Non so nemmeno chi sia, quel Gesù di cui parlate! Non lo conosco, non l'ho mai visto!» Ma in quel momento, ecco, si ode il canto d'un gallo. Pietro ammutolisce, ricordando le parole di Gesù: «Prima che il gallo canti, mi avrai rinnegato tre volte!» Piangente e disperato, fugge via.

Intanto è venuto giorno; e i sacerdoti conducono Gesù davanti al governatore romano, che si chiama Ponzio Pilato; perché sono i romani che comandano, in Palestina, e senza il loro permesso, nulla si può fare. A Ponzio Pilato, i sacerdoti dicono: «Quest'uomo vuole sobillare il popolo, e farlo ribellare. Egli ha detto che non si devono più pagare le tasse che voi romani ci mettete, e dice di essere re dei Giudei.» Con queste accuse, i sacerdoti sono certi di convincere Ponzio Pilato a condannare Gesù alla morte. Ponzio Pilato, allora, chiede a Gesù: «Sei dunque tu il re dei Giudei?» Risponde Gesù: «Tu lo hai detto.» «Non hai sentito – continua Pilato – di quante cose ti accusano? Non vuoi dunque difenderti?» Gesù non risponde. Pilato, che malgrado tutto non trova in lui nessuna colpa, restituisce Gesù ai sacerdoti, i quali lo trascinano davanti ad Erode. Erode (il figlio di colui che aveva fatto compiere la strage degli innocenti, sperando di uccidere, tra tanti bambini, anche Gesù) è contento di vederlo ormai prigioniero. Lo interroga: ma nemmeno a lui Gesù risponde una sola parola. Ricondotto da Ponzio Pilato, Gesù viene consegnato ai soldati romani, uomini duri, nati per la guerra e dal cuore di ferro. Essi non hanno riguardi per lui. Legato a una colonna, e denudato, Gesù viene crudelmente e a lungo flagellato. Ma non si lamenta, mentre la frusta gli riga di ferite la schiena.

Altri soldati arrivano, e comin-

ciano a beffare Gesù e ancora lo percuotono duramente e gli dicono: «Ah, così tu dici di essere il re dei Giudei, vero? Povero sciocco! Il re dei Giudei, il re di tutto il mondo è l'imperatore romano!» «Sei un re – sghignazza qualche altro soldataccio — ma non hai nemmeno un mantello!» ed ecco, sulle povere spalle insanguinate di Gesù, viene messo un vecchio e logoro mantello rosso. I soldati, nel cortile della caserma, strepitano attorno a Gesù, gli sputano in faccia, lo insultano. «Ora ha il mantello grida un soldato – ma non ha ancora la corona!» «Ci penso io!» esclama un altro; e va a prendere dei rovi spinosi, con essi intreccia una specie di corona, che poi calca duramente e senza pietà sulla fronte di Gesù. Ah, le spine gli entrano nella carne, e il sangue comincia a scorrergli sul volto! Gesù però non si lamenta, non dice una sola parola. È là, fermo, pallido, solenne. Da una finestra, intanto, Ponzio Pilato guarda la scena. Non è convinto che Gesù sia colpevole: gli sembra, anzi, un uomo onesto e giusto. Che fare, però? Lasciarlo andare libero? No: i sacerdoti ed Erode, che sono molto importanti, protesterebbero. E allora? Condannarlo? Ma perché? «Forse – pensa Ponzio Pilato – tutta questa gente che i sacerdoti hanno ammassato davanti al mio palazzo, quando vedrà Gesù così insanguinato avrà compassione di lui, e mi permetterà di lasciarlo andare libero...»

Pilato si presenta allora, da un grande balcone, alla folla che strepita e vocia nella piazza, e che nel vederlo subito si tace. Dice Pilato: «Ora vi condurrò davanti Gesù. Ma sappiate che io non trovo in lui alcuna colpa!» Gesù viene condotto avanti: ha indosso il logoro mantello rosso, e sul capo la corona di spine. Pilato lo mostra alla folla dicendo: «Ecco l'uomo!» Spera che la gente abbia pietà: ma i sacerdoti e le guardie, cominciano a gridare:
«Crocifiggilo! Crocifiggilo!» Pilato, allora, cerca un altro modo per salvare Gesù. Grida: «Siccome è festa, io voglio liberare un condannato a morte. Ne ho qui due: uno è questo Gesù, e l'altro è Barabba, l'assassino, quel criminale che tutti conoscete! Avanti: chi volete che io mandi libero: Gesù o Barabba?» La folla, aizzata dai sacerdoti, urla: «Barabba! Barabba! Manda libero Barabba!» «Ma che devo fare di Gesù?» domanda ancora Pilato. «Crocifiggilo! Crocifiggilo!» è la crudele risposta. Impaurito, il governatore romano rientra nel palazzo, e si fa condurre davanti Gesù: «Ma da dove vieni, tu?» gli chiede; e poiché non ottiene risposta, chiede ancora: «Non mi parli? Non sai che io ho il potere di farti mettere in croce, o di lasciarti andare libero?» Allora Gesù risponde: «No. Tu non avresti nessun potere, se non ti fosse dato dall'alto. Per questo, chi mi ha consegnato a te, è più colpevole di te.» Pilato cerca ancora qualche modo per lasciar libero Gesù; ma quando i sacerdoti gli dicono: «Bada, se non lo condanni, vuol dire che non sei fedele al tuo imperatore», egli cede, e consegna Gesù ai sacerdoti, perché lo crocifiggano. Gesù è quindi in balia dei suoi persecutori senza cuore. Gli viene caricata sulle spalle una pesante trave (che formerà, poi, i bracci della croce) ed egli è costretto a portarla, avviandosi verso una collina, che si chiama Golgota, o Calvario, sulla quale vengono giu-

stiziati i condannati a morte. E Gesù, sotto il peso della trave, avanza barcollando per le strade di Gerusalemme. Mentre così Gesù procede verso il Calvario, i soldati e i servi dei sacerdoti prendono un certo Simone, abitante di Cirene, e lo costringono per un po' a portare la trave di Gesù. E intanto una gran folla sta seguendo il condannato, e tra di essa ci sono molte donne che piangono. Gesù più di una volta cade, perché le forze gli mancano; ma a calci e a spintoni è fatto rialzare e riprende il suo cammino. Non è solo, a percorrere quella che sarà chiamata poi la «via crucis»: lo seguono altri due uomini condannati, come lui, ad essere crocifissi, e si tratta di due ladroni e rapinatori. Tra un po', quando saranno innalzati sulle croci, essi si comporteranno in modo assai diverso. Uno bestemmiando e gridando, dirà a Gesù: «Ehi, tu, se sei il figlio di Dio, salva noi e te stesso!» L'altro invece dirà: «Ah, neppure ora tu, che sei un ladrone come me, neppure ora hai paura di Dio? Per noi due è giusto morire così, perché siamo castigati per i nostri delitti: ma Gesù non ha fatto nulla di male!» E volgendosi a Gesù, crocifisso in mezzo a loro, dirà: «Signore, ricordati di me, quando sarai nel tuo regno!» Gesù allora lo guarderà e gli dirà: «In verità, ti dico che oggi tu sarai con me in Paradiso!» Questo accadrà tra poco, quando cioè, al termine della «via crucis», Gesù sarà arrivato sul Calvario, nel punto cioè dove si compirà il suo destino.

Ecco. Gesù viene spogliato della tunica che indossa, fatto distendere a terra con le braccia sulla trave, e inchiodato ad essa. Mentre i chiodi gli trafiggono i polsi, egli guarda verso il cielo e mormora: «Signore, perdona loro, perché non sanno quello che fanno!» Intanto, un ufficiale romano sta preparando un cartello, sul quale viene scritto: «Gesù Nazareno re dei Giudei»; e i soldati che hanno spogliato Gesù, tirano a sorte per vedere a chi debba toccare la tunica che gli hanno tolto.

Gesù, inchiodato, è issato sull'albero della croce. C'è ancora qualcuno, in questi terribili momenti, che osa schernirlo, e dice: «Tu, che hai salvato gli altri, non sei capace di salvare te stesso!» Presso la croce stanno però anche cuori che lo amano: vi sono Maria, sua madre, e la sorella di lei, Maria moglie di Cleofa, e Maria Maddalena, e il giovane apostolo Giovanni.

IESUS NAZARENUS
REX IUDÆORUM
ΙΕΣΩΥΣ ΝΑΖΟΡΑΙΟΣ
Ο ΒΑΣΙΛΗΥΣ ΤΩΝ
ΙΟΥΔΑΙΩΝ

Ecco. Il cielo s'oscura. Gesù, sulla croce, esclama: «Dio mio, Dio mio, perché mi hai abbandonato?» e poi, con un grido, muore. E la terra trema. E tutti sentono tremare il loro cuore: perché il figlio di Dio è morto.

Morto Gesù, la gente fugge, spaventata anche dal gran buio che s'è fatto nel cielo, e fuggendo dice: «Ah, questi era davvero il figlio di Dio!» E intanto, le donne e i discepoli staccano il corpo di Gesù dalla croce e piangendo lo posano a terra: e qui, ecco, sua madre Maria lo prende tra le braccia, e si strugge in lagrime e in disperazione. Intanto, ad un albero lontano, penzola senza vita il corpo di Giuda Iscariota, l'apostolo che ha traditi il suo maestro e che, non potendo più sopportare il rimorso, si è miseramente tolto la vita. E altre terribili cose sono accadute: il grande velo teso tutto attraverso il tempio di Gerusalemme, s'è squarciato da cima a fondo proprio mentre Gesù spirava, ed ora pende lugubremente; e la gente lo guarda, piena di paura, e ripe te: «Gesù era davvero il figlio di Dio! Ora c'è un uomo, tra coloro che credono in Gesù, un buon uomo ricco e rispettato, il cui nome è Giuseppe d'Arimatea. Questo Giuseppe d'Arimatea mostra d'avere grande coraggio perché si presenta a Ponzio Pilato e gli

dice: «Vengo a chiederti il corpo di Gesù Nazareno morto sulla croce». Pilato non sa ancora che Gesù è morto; chiede allora notizie a un suo centurione che gli dice: «Sì, o signore, egli è morto. Per essere sicuro che fosse morto, uno dei nostri soldati è andato sotto la croce e con una lancia lo ha colpito nel costato, e ne è uscita dell'acqua mista con del sangue.» Allora Ponzio Pilato risponde: «Giuseppe d'Arimatea, sia fatto come tu mi chiedi. Ti permetto di prendere il corpo di Gesù». Il buon Giuseppe, tutto confortato, va allora a comperare un lenzuolo nuovo nel quale avvolgere la salma e poi, aiutato dalle pie donne, rimaste a piangere sotto la croce, prepara per la sepoltura il corpo di Gesù. Ad aiutarlo, viene anche un certo Nicodemo, anche lui uomo di fede e di pietà, che compra un unguento fatto di mirra e di aloe, due sostanze preziose e molto profumate. Il corpo di Gesù viene quindi lavato, unto, avvolto nel lenzuolo e infine deposto nel sepolcro. Questo sepolcro, Giuseppe d'Arimatea l'aveva fatto preparare per sé, facendolo scavare profondamente nella roccia di un terreno di sua proprietà. Nessuno vi era mai stato deposto; aiutato dall'apostolo Giovanni, Giuseppe d'Arimatea vi trasporta dunque il corpo di Gesù. Per chiudere il sepolcro, viene fatta rotolare davanti al suo ingresso una grande pietra, così pesante che per smuoverla di là ci vorrebbero molti uomini. Compiuta questa opera pietosa, le pie donne, e Giuseppe d'Arimatea, e Giovanni e Nicodemo si ritirano in silenzio a piangere e a pregare.

Ma intanto, si recano da Pilato anche i capi dei sacerdoti, e gli dicono: «Signore, quell'impostore che tu hai giustamente fatto crocifiggere, aveva detto: 'Dopo tre giorni, io resusciterò da morte'. Bene, per impedire che i suoi discepoli ne rubino il corpo, e vadano in giro a dire: 'Vedete?, Gesù non è più nel sepolcro, quindi è risorto, quindi era veramente figlio di Dio', per impedire questo, dunque, tu devi ordinare che per tre giorni il sepolcro sia vigilato dai tuoi soldati». Ponzio Pilato concede allora che una pattuglia di militi romani sia mandata a far la guardia al luogo dove Gesù è stato sepolto; e che rimanga là almeno per tre giorni. «Molto bene – dicono soddisfatti i capi dei sacerdoti – in questo modo, i discepoli di

Gesù non potranno tentare nessun trucco. Perché, se facessero credere alla gente che il loro maestro è risorto, l'ultimo loro inganno per noi sarebbe ancor peggiore del primo!» I soldati romani, condotti dai sacerdoti, vanno dunque a mettersi di guardia al sepolcro nel quale giace il corpo di Gesù. Gesù è morto la vigilia del sabato; all'alba del terzo giorno dopo la sua morte, Maria Maddalena con altre pie donne si reca al sepolcro, e portano altri unguenti ed altri aromi per imbalsamare il corpo di Gesù; ma camminando si domandano: «Chi mai rimuoverà quella pesantissima pietra messa a chiudere il sepolcro?» Avvicinatesi al luogo ecco che, con grande sorpresa, vedono che la grande pietra posta sull'entrata è stata spostata, e l'ingresso del sepolcro è aperto. Le guardie sono in terra tramortite. Stupefatte, e anche un poco impaurite, esse entrano nel sepolcro: e vedono là due angeli che dicono «Che cosa cercate?» Rispondono le donne: «Cerchiamo Gesù nostro Signore.» Replicano gli angeli: «Perché cercate tra i morti chi è vivo? Egli non è qui: è risorto, come aveva promesso quando, in terra di Galilea, aveva detto che sarebbe resuscitato da morte». Le pie donne allora commosse e spaventate corrono via, e vanno in cerca degli undici apostoli, e narrano loro ciò che hanno visto ed udito. Ma gli apostoli non credono ad esse, pensano che esse, per il dolore, stiano vaneggiando. Ad ogni modo, Pietro si reca al sepolcro non vede nulla, se non il lenzuolo a terra. Egli è molto impressionato ma non riesce a credere che Gesù sia veramente risorto. Torna

dai compagni e mormora: «È accaduto qualcosa di molto strano. Il sepolcro è vuoto, il corpo del Maestro non c'è più.» «Che faremo ora?» gli domanda un discepolo. «Non lo so. Andremo da qualche parte e attenderemo, che altro possiamo fare?» Così gli undici apostoli decidono di allontanarsi da Gerusalemme, dove essi sono ancora in pericolo, per le persecuzioni dei sacerdoti. E non sanno come spiegarsi ciò che è avvenuto.

In piccoli gruppi, dunque, si mettono in viaggio. Quella stessa sera, due di loro vanno verso un villaggio chiamato Emmaus, a non molta distanza da Gerusalemme, e camminando parlano di quanto è successo. E mentre così sommessamente discutono, ecco Gesù si avvicina loro, che tuttavia non lo riconoscono, e comincia a camminare con loro. Chiede, strada facendo: «Ma perché siete così malinconici?» Uno dei due risponde: «Ah, sei forse così forestiero, in Gerusalemme, che non sai quello che è accaduto?» «Che cosa è accaduto?» chiede Gesù. I due gli narrano della cattura, della condanna e della morte del loro Maestro, e dicono: «Noi speravamo che Egli avrebbe salvato Israele, ma non l'ha fatto, e sono già passati tre giorni dalla sua morte. Veramente – aggiungono – alcune delle nostre donne ci hanno spaventato perché, andate stamattina ancor prima dell'alba al sepolcro, lo hanno trovato vuoto, e sono corse a dirci d'aver visto degli angeli, i quali hanno detto loro che Gesù è risorto. Anche Pietro è andato al sepolcro, e non lo ha trovato.» Gesù dice ad essi: «O stolti, come non credete a questo? Forse Cristo non vi ha detto che doveva soffrire prima di entrare nella sua gloria?» e poi comincia a spiegare ai due tutte le cose scritte sui libri sacri. Giunti che sono ad Emmaus, Gesù mostra di voler continuare la strada; ma i due gli dicono: «Resta con noi, perché si fa sera, e il giorno sta per declinare!» Entrano dunque tutti in una locanda, e siedono per cenare; e non appena ha in mano un pane, ecco Gesù spezzarlo, come ha fatto nell'ultima cena, e porgerlo ai suoi discepoli. Allora, gli occhi dei due si aprono: ed essi capiscono che l'uomo che è con loro è Gesù... Ma egli improvvisamente scompare. I due dicono: «È lui! Non ci ardeva forse il cuore in petto, quando ci parlava delle sacre scritture?» E immediatamente tornano indietro e raggiunti gli altri discepoli dicono loro: «Il nostro Signore è veramente risorto!»

Ma uno degli apostoli, che si chiama Tommaso, dice: «No. Se non vedo il foro dei chiodi nelle sue mani, e se non metto il dito nella ferita che egli ha al costato, io non credo che Gesù sia veramente risorto!» Passano alcuni

giorni; e i discepoli stanno ancora insieme, chiusi in una casa, per paura delle persecuzioni dei sacerdoti, quando Gesù vi entra, senza aprire né porte né finestre, e dice ad essi: «La pace sia con voi!» E volto a Tommaso aggiunge: «Metti qui il tuo dito, guarda le mie ferite, e non essere più incredulo, ma fedele!» Cadendo in ginocchio Tommaso esclama: «O mio Signore e mio Dio!» Gesù dice: «Tu hai creduto perché hai visto: beati coloro che hanno creduto senza vedere!» Un'altra volta Gesù appare ai discepoli, ed è sulle rive del lago di Tiberiade. Mentre gli apostoli stanno pescando, ecco vedono là a terra la figura del loro Maestro: e per raggiungerlo in fretta, Pietro si getta a nuoto, e con vigorose bracciate tocca la riva. Gesù gli domanda per tre volte: «Pietro, mi ami tu?» e per tre volte Pietro risponde: «Signore, lo sai che ti amo!» «E allora, pasci le mie pecorelle! – dice Gesù; e agli apostoli aggiunge: – E voi, andate per tutto il mondo, e predicate la buona novella. Chi crederà e sarà stato battezzato sarà salvo: chi non crederà, sarà condannato!» E dopo aver parlato, Gesù salì in Cielo.

Andare per tutto il mondo a predicare la buona novella, cioè la parola di Gesù questa è dunque la missione degli apostoli. Essi cominciano, dunque, a diffondere il Vangelo; e molti di coloro che li ascoltano diventano seguaci di Gesù Cristo, vale a dire cristiani. Sorgono così le prime comunità cristiane, formate da uomini e donne che vivono insieme, in serenità, in armonia, in preghiera, tutti regolarmente spezzando il pane, come Gesù ha raccomandato di fare, in atto di fede e di amore. E ogni giorno, il Signore manda nuovi cristiani a vivere con loro, e ad aumentare il numero di chi

ha fede nel vero Dio e nella vita eterna. Tra i più ardenti cristiani, ve ne è uno di nome Stefano, che è pieno di grazia divina e che, con la sua predicazione ispirata da Dio, converte alla fede molta gente, e che nel nome del Signore compie molti prodigi. È naturale che i sacerdoti, nemici perfino del ricordo di Gesù, si preoccupino, e lo accusino falsamente di bestemmiare. Stefano è dunque condotto davanti al tribunale dei sacerdoti; ma si difende così bene, e con tanto fervore, e con tanta intelligenza che i suoi nemici, pur rodendosi di rabbia, nulla possono fare contro di lui. Stefano così conclude il suo discorso: «Ecco, io vedo i cieli che si aprono, e il Figlio dell'uomo stare alla destra di Dio!» Sono (ve ne ricordate?) le stesse parole dette da Gesù a Caifa. E, come allora, anche adesso i sacerdoti gridano scandalizzati, si strappano le vesti, si chiudono le orecchie, come se udissero delle bestemmie. Stefano è subito scacciato da Gerusalemme; e non appena egli è uscito dalla città, ecco una folla inferocita comincia a lanciargli delle pietre; e tante gliene scagliano, e con tanta forza, che egli cade a terra. Non contenti, quei malvagi gli si fanno addosso e con sassi e pietre ancora lo colpiscono: «Signore – mormora Stefano – dimentica questo loro peccato!» e così, muore.

Tra i persecutori dei cristiani (anzi, tra coloro che hanno assistito, contenti, all'uccisione di Stefano) ce ne è uno, il più duro, il più cattivo, che si chiama Saulo. Tanta è la sua smania di perseguitare i cristiani, che egli si reca dovunque essi si trovino, e ad ognuno ordina crudeltà e severità contro i seguaci di Cristo che, secondo lui, sono nemici di Roma: egli è, infatti, un cittadino romano. Ora, una volta che da Gerusalemme con alcuni soldati si reca a Damasco (sempre per catturare e processare dei cristiani), ecco che una gran luce scende dal cielo e gli sfolgora tutto .attorno; il suo cavallo, spaventato, si impenna: Saulo cade a terra; e dal cielo una gran voce dice: «Saulo, Saulo! Perché mi perseguiti?» Tremante, Saulo domanda: «Chi sei tu, o Signore?» E la voce dal cielo risponde: «Io sono quel Gesù che tu perseguiti!» «Che cosa vuoi che io faccia, Signore?» chiede, sempre tremando, Saulo. Risponde la voce:

«Alzati, va in Damasco. Là saprai che cosa devi fare!» Saulo, in questo stesso momento, è stato toccato da Dio. Si alza, ma non

anche nella famosa città di Atene, la capitale della Grecia, piena di meravigliosi palazzi, di monumenti e di gente colta ed intelligente, e non soltanto di pastori e di pescatori, come in Palestina. Molti greci si fanno beffe di Paolo; ma egli non si scoraggia, e continua a predicare. Passa di città in città: qui lo prendono in giro, là lo scacciano, là ancora lo minacciano, là ancora ridono di lui. Però, tra tutta quella gente, c'è pur qualcuno che lo ascolta e che alle sue parole si commuove, e che si sente toccato dalla grazia, e comincia a credere nella parola di Gesù. È come se Paolo gettasse un seme: da esso nascerà in Grecia la pianta del cristianesimo.

vede nulla, è come se fosse cieco. I suoi devono prenderlo per mano e condurlo a Damasco. Dio lo ha chiamato: d'ora in avanti, egli sarà cristiano, e predicherà nel mondo la parola di Gesù. A Damasco, Saulo viene avvicinato da alcuni cristiani, e attraverso loro conosce gli apostoli: e come a mostrare di voler dimenticare il suo passato di persecutore di Gesù, cambia il suo nome. D'ora in avanti, egli si farà chiamare Paolo. Gli apostoli volentieri lo accolgono nel loro numero, perché vedono bene come la grazia di Dio sia scesa su di lui; e Paolo un giorno verrà chiamato «il leone di Dio», perché comincia come una grande e santa battaglia, per portare in tutto il mondo la parola di Gesù. Comincia a predicare; e non predica solamente in Palestina: va

E non solo Paolo, naturalmente, viaggia nel mondo e predica il Vangelo; lo stesso fanno tutti gli apostoli; e se qui parliamo soltanto di Paolo, è per mostrare come anche quelli che non hanno conosciuto di persona Gesù siano pronti ad abbracciare la sua fede e a predicarla. Paolo dunque passa anni ed anni viaggiando in tutte le terre che noi oggi chiamiamo del Medio Oriente a diffondere la parola di Dio. La sua vita è come una lunga, meravigliosa avventura: incontra molti avversari, viene catturato dai briganti, ferito ed abbandonato lungo un sentiero; viene denunciato, aggredito da una folla inferocita che lo vuole uccidere: tuttavia non si perde mai d'animo. La luce di Dio, che è scesa su di lui lungo la via per Damasco, continua ad illuminarlo; ed egli sull'esempio degli altri apostoli seguita a viaggiare e a predicare; e dove non può giungere, ecco manda dei suoi messaggeri, che rechino delle sue lettere alle varie comunità cristiane che sempre più fitte e numerose stanno sorgendo ovunque. Arrestato dai soldati romani, viene portato davanti al governatore: siccome è cittadino romano, nessuno osa frustarlo, come è stato fatto a Gesù, o insultarlo. Il governatore gli dice: «Paolo, tu sei pazzo, la troppa scienza ti ha dato alla testa! Che vai dicendo nel mondo?» Serenamente Paolo risponde: «Non sono pazzo. Dico cose vere e giuste, ecco tutto. Quale è la mia colpa?» Il governatore non sa davvero quale colpa trovare, in questo cittadino romano che predica la bontà e l'umiltà. Però non se la sente di lasciarlo andare libero, e decide che egli sia mandato a Roma, per essere giudicato da un tribunale di quella città.

Il viaggio per mare è lungo e pericoloso, di solito: e Paolo, nel momento di salire sulla nave, dice ai marinai: «Attenti! Io vedo che questa navigazione arrecherà molti danni non solo alla barca, ma anche agli uomini.» I marinai pensano che egli voglia far loro paura, e si fanno beffe di lui. Ma quando sono giunti in alto mare, si scatena una tempesta, che dura per quattordici giorni e per quattordici notti; ed è proprio Paolo, il prigioniero, che tutti conforta e che tutti consiglia. È lui che suggerisce ai marinai di gettare in mare il carico, per alleggerire la nave perché non affondi; è lui che li sconsiglia di gettarsi a nuoto, cercando di raggiungere così la terra. È Paolo, insomma, che conduce finalmente la nave in salvo: eppure, egli sa bene di andare verso il processo e, forse, verso la morte!

Negli anni che seguono la morte di Gesù, dunque, il cristianesimo comincia ad affondare nell'anima dell'umanità le sue radici che eternamente vivranno.

Ma non soltanto Paolo predicherà il cristianesimo in Roma. Nella capitale del mondo, giunge anche Pietro, l'apostolo che Gesù ha voluto mettere alla testa della sua chiesa (ricordate quando gli dice: «Tu darai Pietro, e su questa pietra io costruirò la mia chiesa»?). A Roma, nell'anno 65 dopo la nascita di Gesù, l'imperatore Nerone scatena una persecuzione contro i cristiani, accusati d'aver provocato il disastroso incendio che, nella notte tra il 18 e il 19 luglio dell'anno 64, ha semidistrutto la città. In questa persecuzione, trovano la morte sia Pietro sia Paolo. Il primo viene crocifisso: ma egli, umilmente, non volendo morire come il suo maestro Gesù, chiede di essere inchiodato con la testa in giù: e così, invocando il nome del Signore, muore. Il secondo invece (che è stato nuovamente gettato in carcere, e processato, e stavolta trovato colpevole) non viene crocifisso: come cittadino romano, infatti, egli non può subire un supplizio così crudele ed infamante. Viene invece decapitato: e l'esecuzione ha luogo in una località detta Acque Salvie, lontana da Roma poco più di tre miglia. Egli ha scritto, in una sua lettera: «Io ho combattuto una buona battaglia. Ho portato a termine la mia missione. Ho conservato la fede. Ormai, v'è in serbo per me la corona della giustizia, che il Signore mi darà, per compenso... Ma non la darà soltanto a me! La darà anche a tutti quelli che aspettano con amore la sua venuta gloriosa... Il Signore Dio nostro mi condurrà in salvo nel suo regno celeste! Sia a lui gloria nei secoli dei secoli!»